こんなに笑えるんや!

二太郎誕生編

MOCHICO

モ チ コ

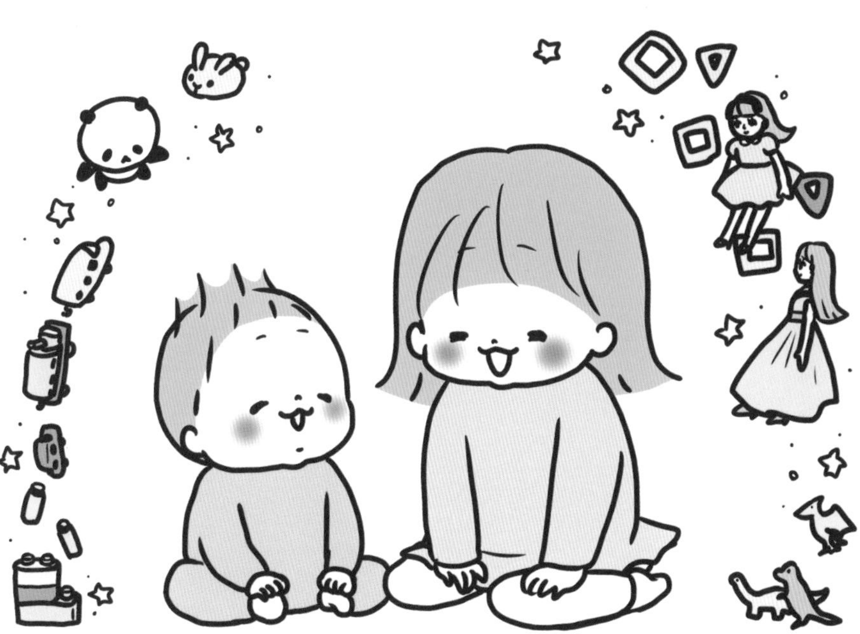

はじめに

こんにちは、モチコです。

「育児ってこんなに笑えるんや！　二太郎誕生編」をお手に取っていただき、ありがとうございます！

普段は、イラストや漫画、イラストコラムのお仕事をしながら、SNSで育児漫画やイラストを描いて公開しています。

この本は、1作目の「育児ってこんなに笑えるんや！」の続きです。1作目は上の子イチコの話だったのですが、今回は下の子の二太郎も生まれ、2人育児の話となりました。

こちらの本も1作目と同じく、SNSで公開済みのものに描き下ろしの漫画を加えてまとめたものなのですが……公開済みのどの漫画を入れるか、1作目以上に迷いました！

二太郎は貴重な赤ちゃん時期がかわいくてたまらんし、イチコはさらにひょうきん＆ガーリーに、お姉ちゃんにもなったし……。

どの2人もとってもかわいいし、絡んでたらこれまたかわいい！

SNSでは、そんな育児のポジティブな面（楽しい、笑える、萌えるなど）を発信しています。

でも子育てに悩みはつきもの。成長したからこその悩み、2人育児になったからこその悩み……。

この本では、普段SNSで公開していないそんな部分も描き下ろして収録しています。この本を作るために、自分の4コマやSNS、写真や育児メモを見返したのですが……。

いや～2人ともかわいい！（親バカ）

日々のめまぐるしさに、先月の出来事すら思い出せませんが、記録を見返すと、当時の出来事や感情がよみがえるんです！

過去の我が子も今の我が子も愛しくてたまらなくなります。

そして当時がんばってた自分も褒めたくなります（笑）。

ぜひみなさんも見返してみてください！ 幸せな気分になれますよ～！

そんな気分に浸りながらまとめた、笑いつつ萌えつつ悩みつつ親バカしつつの我が家の日常漫画、お楽しみいただけたら嬉しいです！

モチコ

目次

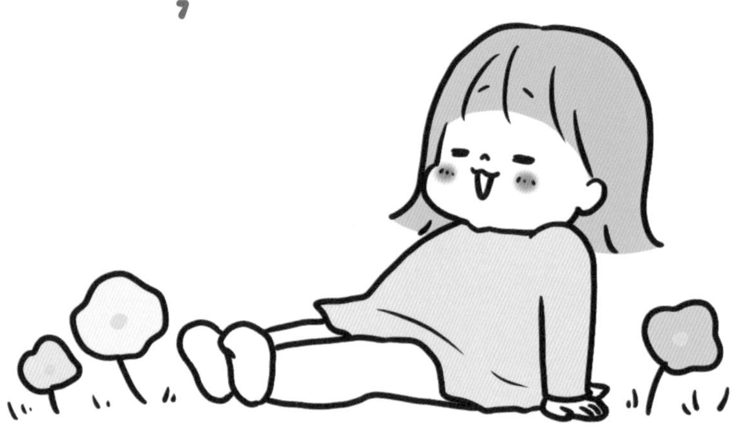

ファミリーを紹介します。

2歳11ヶ月差！

【イチコ】

2014年3月生まれの女子。
ひょうきん系。

【二太郎】

2017年2月生まれの男子。
とっても甘えんぼ。

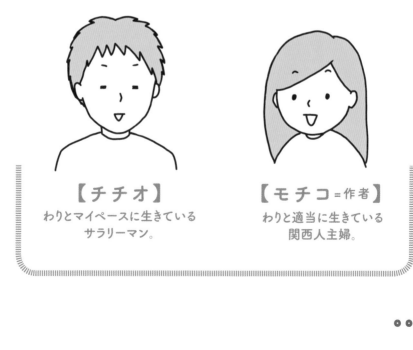

【チチオ】

わりとマイペースに生きている
サラリーマン。

【モチコ=作者】

わりと適当に生きている
関西人主婦。

息子二太郎の誕生

《第1章》

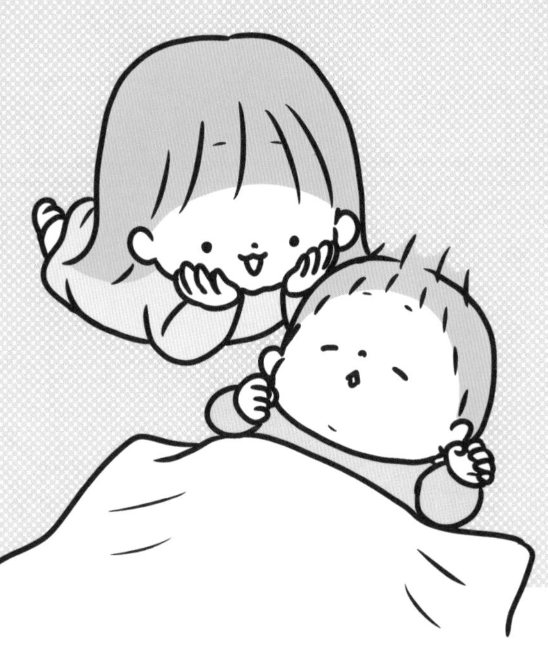

2017年2月某日

2人目妊婦
モチコは今…

えっ

陣痛は恐怖で
痛みが4割増す！？

「出産 痛くない」
で検索していた…

ど〜ん

イチコ2歳

2人目とは思えない余裕のなさ…

つまり
「陣痛＝怖い」
と思ったら負け！

陣痛は痛くない…
赤ちゃんが出てくる

陣痛は痛くない…
赤ちゃんが出てくるパワー…

陣痛は痛くない…
赤ちゃんが出てくるパワー…

陣痛は痛くない…
赤ちゃんが出てくるパ

自己催眠

深呼吸や
好きな音楽も効果的！？

深く息を吐きつつ
脳内でPerfumeに
歌ってもらおう…

〜♪

イメージ

Power

イチコ曰く24日に産まれる
らしいし…

24日に
うまれる

このページは
このこと
やろう…！

数日練習や！

● ● ● 8

そして24日――
…は何もなく25日
まるで産まれる気配がない
どーーん
まあそんな当たらんわな
イチコ、赤ちゃんいつ産まれる？
3がつ！
3月か…まだ余裕あるな
結局当てにしてる
義母（出産に備えて香川から来てくれた）
4日間イメトレに励むか…
Power
Power
Power
キャッ キャッ
そして2日後
2/27
おやつだよ～！

今日は
栗まんじゅうと
きびだんご♡
ばあちゃんのお土産
これでおしまいやから
明日おやつ
買いに行こうね
…？
ズキューーン
なんかお腹痛い…
さっき公園で
走ったからかな？
前駆陣痛ってやつ？
ガチャ
パタン
…って
おしるし
やたら出るし
これはキタのか!?

イチコとお義母さんは2階で遊んでる…
とりあえず様子見つつ仕事…
陣痛アプリ
30分経過
いつの間にやら5分間隔
ズギューン
陣痛来てまーす！
えっ
↑お義母さん
ついに…
TAXI
ビューーン
「出産 痛くない」の成果が試される…！
自己催眠中
ギューン
Power
あ、でもイチコの出産より全然余裕…
病院着いたよ〜
義母

病室でチチオ(夫)合流
どう?
子宮口は3〜4cm…
でもまだイケる!余裕!
出産着(ファンシー)
ズギューン(Power)
2回目だからか催眠のお陰か…
マジでまだ余裕…痛がらずスッと産むぞ!
ズギューン(Power)
フー
1時間半後
余…裕…
ズギューーン(Power)
3時間後
いや…ちょっ…
イテェエエエ
ズギウウウウウウン
ゴゴゴゴゴ
キャーオオオ
こんな痛いっけ!?
今で8cm!分娩室いこうね〜まだ痛くなるよ〜
助産師さん
無慈悲
えええええ こんな痛いっけ うそうそうそうそ うそうそうそうそ
ズゴゴゴゴ
あ〜また痛くなる 怖くない怖くない怖くない
イテェエエエエ
体ひねらないよ〜
その頃のイチコ
廊下で安産の(?)舞
私の母(ばぁば)
義母(ばあちゃん)
イテェェェ

そして1時間後
赤ちゃん出るよ～！
先生
ついに
足の方見て、でも力は抜いて！
先生
…え？
力抜いて～ でも足の方見て～
…え？頭起こして足の方見たらどうしても腹筋に力が…
力抜いて～足の方見て～
いや足の方見つつ腹筋の力抜くって意味わからん
力抜いて～
…
ギュ
わからへ～ん！
パニック!!
先生、そんなんできひんて！
Panic!!
わからん!!
はい赤ちゃん出ま～すん
えっ
ズルン

2月27日
二太郎誕生
ひゃ～ かわいい～♡
よろしくね～！
あー
あー
何か…
「わからへ～ん！」と共に出てきたな…
じゃあ赤ちゃん 計測と診察しますね
ハーイ
あれ
・・・

赤ちゃんに酸素を与えるために
新生児室で酸素のお部屋入れますね
…え
それは…赤ちゃんは大丈夫なんですか？
う～ん…今は何とも…
「今は何とも」…悪化することもあるの？悪化したらどうなるの？
元気に生まれたと思ったのに…
あかちゃ～ん

イチコ姉ちゃんも会いたがってたよ…
赤ちゃんがんばれ！
新生児室
数分後
モチ谷さん
はい！
赤ちゃん大丈夫そうなら、ちょっとだけお姉ちゃんとおばあちゃん達にも会わせましょうか！
ん？
すみません、一瞬ね～
わー
かわいー
？？？
サッ
サッ
…
大丈夫なんやろか

心配やけど…ものすごく悪くはなさそうやね
100％安心はできひんけどまあ大丈夫そうやね
とは言え心配…
翌朝
寝不足…
モチ谷さ～ん
赤ちゃん、酸素のお部屋から出られましたよ
わー！良かった！
こうして
やっと落ち着いて抱っこできる♡
新生児カワイイ…!!
二太郎が加わり「育児ってこんなに笑えるんや！」4人家族編スタートです！

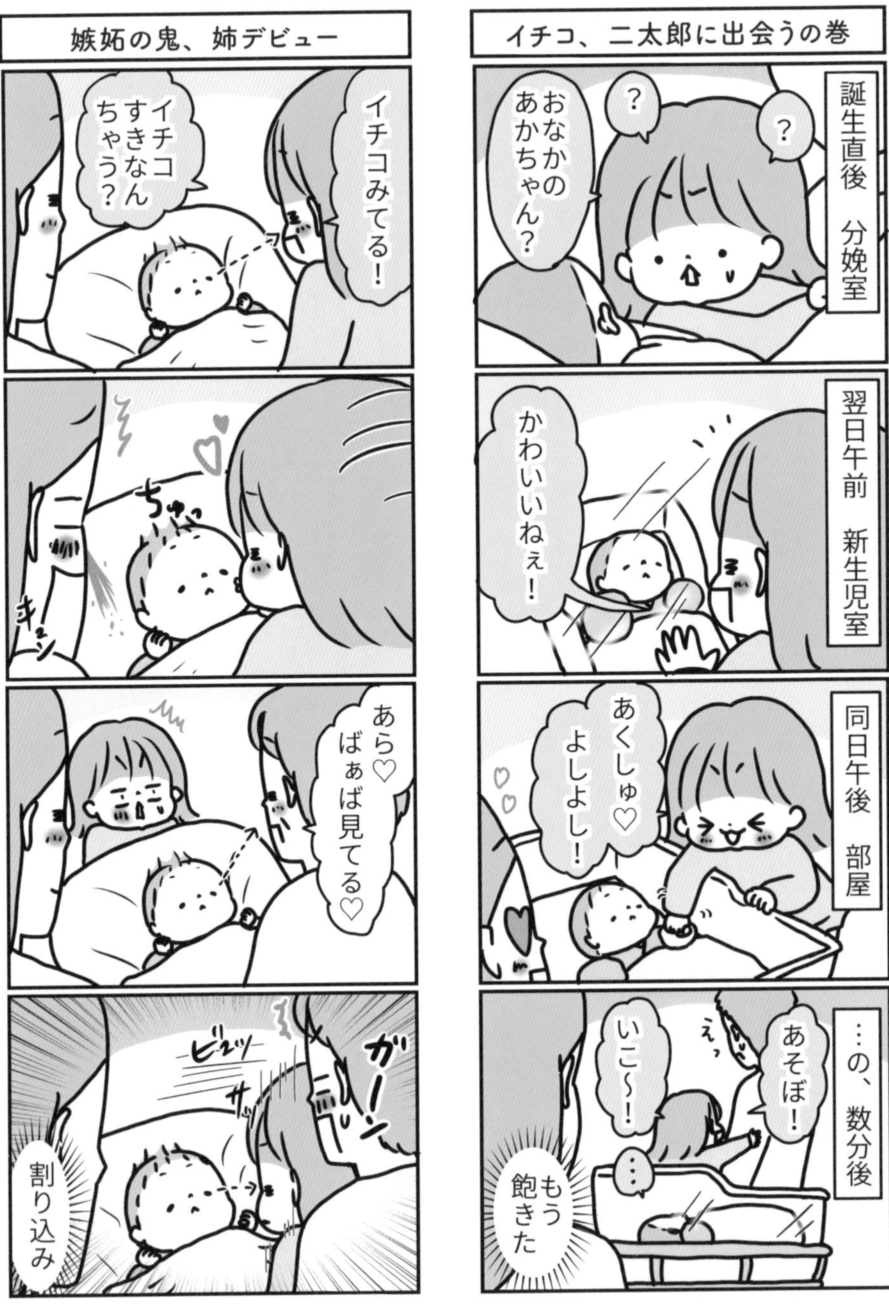

嫉妬の鬼、姉デビュー

イチコ、二太郎に出会うの巻

イチコ、お姉ちゃんやってます。

イチコと〜二太郎が〜初めて出会った〜

疑ってごめん

あ、二太郎泣いてる

ん?…泣き止んだ

ピタッ

あぁ ～

もしやイチコが何か善意という名の危害を!?

だっこイメージ

ガチャッ

二太郎、大丈夫?

よしよし♡

いいこいいこ♡

親バカビジョン

て…

天使が2人！

失礼な想像からの、天使な光景。

おなかのあかちゃん♡

もう出てきて2週間

二太郎、どんどん育っております。

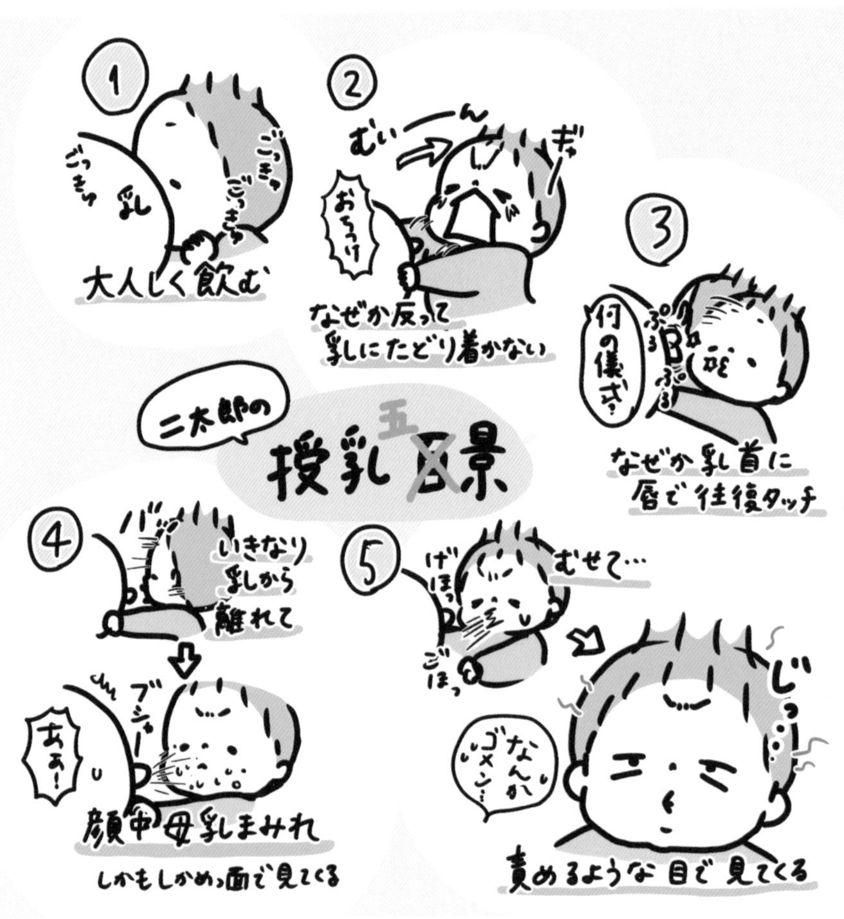
二太郎の
授乳五景
①
ごっきゅ
乳
ごっきゅ
ごっきゅ
大人しく飲む
②
むいーん
ギャ
おちつけ
なぜか反って
乳にたどり着かない
③
何の儀式？
ぷるぷるぷる
なぜか乳首に
唇で往復タッチ
④
バッ
いきなり
乳から
離れて
ブシャー
あぁー！
顔中母乳まみれ
しかもしかめっ面で見てくる
⑤
げほっ
むせて…
ごほっ
じっ…
なんかゴメン…
責めるような目で見てくる

生後25日。まだまだ親子共に授乳に奮闘しております。

憧れの沐浴

イチコもする!

イチコには無理やな〜

沐浴中↓

いつできる?

イチコのお腹に赤ちゃんできたらかな

・・・

いやまだおらん!

ド ドン

ピ〜

赤子のおらん自分のお腹濡らしてどうする。

うんぴかと思ったら

そろそろオムツ替えよ

ごろ〜ん!

おしっこだけっぽいね〜

あれ?気づかんかったけどうんぴしてる!

おティ〜ン!!

あっ・・・

うんぴじゃないよ!

男子母ビギナーやからしゃーないか・・・

失礼しました〜

このときの私は知らない・・・
2歳を過ぎてもこの現象が度々起こることを・・・

男子あるある?・・・あるやんね?　ね?

4月、イチコが幼稚園入園！

喜ばしいとともに…

めっちゃ心配

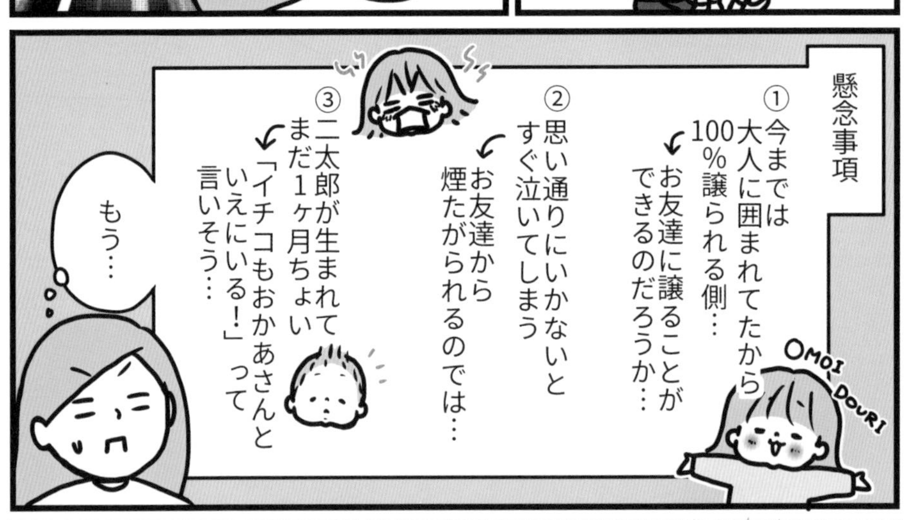

懸念事項

① 今までは大人に囲まれてたから100％譲られる側…
お友達に譲ることができるのだろうか…

② 思い通りにいかないとすぐ泣いてしまう
お友達から煙たがられるのでは…

③ 二太郎が生まれてまだ1ヶ月ちょい
「イチコもおかあさんといえにいる！」って言いそう…

もう…

OMOI DOURI

不安しかない！

でももうどうにもできないし…
出たとこ勝負やな…

そんな中、通園スタート！

ブカブカの制服カワイイ…

ゆいちゃ〜ん！
イチコちゃーん
なかよしのお友達できたんや！
お迎え
ようちえんたのしかった〜！
楽しんでるんや！良かった！
そして数日…
いってきま〜す！
今日も渋らず行けた！良かった！
・・・
全然行けてるやん！
先生曰く、思い通りにならなくて泣いちゃっても、気持ちを切り替えて遊んでいるそうです
大丈夫ですよ〜！
プロ…
一安心！
先生
まあ病気はもらいまくるけどね…
ヒッ
また!?
39℃

イチコの泣き止ませテク

お風呂上がり

イチコ、二太郎よしよしして！

これで泣き止むんや…

いえ〜い♪

ぷりんぷりん♪

雑なイチコダンスで泣き止む二太郎。

上を行かれた

相変わらずソフトモヒカンな二太郎の髪の毛

シャキーン

これは…！

ほわほわで気持ちいい♡

やっぱり♡

にたろ〜！

だだだ

あ〜きもち〜♡

愛で方が玄人

ほっぺたで…

ホワホワを存分に味わうには、確かにほっぺたやわ…！

ワンコスタイル

舌ペロ

白目っぽロボっぽい

リラックススタイル

目をぎゅっ、ぴきっと口

ちょいワルスタイル

梅干しスタイル

眉間にカッ↑口すぼむ

二太郎・笑顔・コレクション
NHC
1ヶ月 BOYの
CUTE & FUNNYな
お顔♡

ロバート秋山スタイル

目を見開き口すぼめる

新生児微笑

からの

半目真顔

・・・

表情筋、育成中。

ヒィ〜となりつつ
ギャー
ギャー
ヒィイイイイィ
何をそんなに泣いてるの〜
ぎゅう〜…
癒し…
Zzz
ギャー
ギャー
ヒィイイイイイ
不機嫌なのなんでぇぇ〜!
ぎゅう〜…
癒し…
二児の母、お得。
Zzz

癒し要素は常にストック。

かわいい表情を撮ったはずなのに…
ドゥーン
とはいえ これはこれでカワイイ…
↑親バカ
消せないデータが増えていく・・・

かわいい忍者お手玉

みてて！

かわいい〜にんじゃおてだま〜

かわいい〜にんじゃおてだま〜

でも〜もう〜おわりなの〜さびしいね〜

フリ　フリ　フリ

かわいい〜にんじゃおてだま〜

ガッ

かわ！いい！にんじゃ！おてだま〜

sfgふybtせytふぇヴぃ98mw9

バッ

…はい、つぎ2ばんね

どこからツッコめば

プー

ショータイム、この後も続きました。

特に何ってわけでもない

チュッ　チュッ　チュッ　チュッ

じゅばっ　じゅばっ　じゅばっ　じゅばっ

チュッ　チュッ　チュッ　じゅばっ　じゅばっ　じゅばっ

なんかシュール…

じゅばっ　じゅばっ　じゅばっ　じゅばっ　じゅばっ　チュッ　チュッ　チュッ　チュッ　チュッ

両サイドからのヨダレ音が響く寝室。

[2人の個性のお話]

二太郎の新生児期が終わる…
寂しいけど…
ちょっと楽になる！
イチコが生後2ヶ月くらいのときは…
1人で寝転がってご機嫌に過ごして…
イチコ
指吸って勝手に寝ることや朝まで寝る夜も時々あって…
この時期めっちゃ楽やった！2人目やしさらに楽かも…
自分時間増えるぞ♡
二太郎生後1ヶ月と2週間
まあまだ布団に下ろしたら泣くよね…
ギャー
生後2ヶ月
まあまだ抱っこやんな
ギャー
生後2ヶ月と1週間
抱っこ好きやね～

生後2ヶ月終わり
ほぼ1日
抱っこしてるぅ――
イチコが
2ヶ月のときと
全然違う…
二太郎は…
ギャー
布団や
ベビーラックに
下ろすと泣く
指吸っても
泣く
ギャ
授乳して
ご機嫌でも
置いたら泣く
ギャー
朝まで寝たのは
1回だけ…
なんか…
抱っこしてるか
おっぱいあげてるか
なんやけど…
z
昼寝も抱っこ→
なんでやろ…
2人の違いは…

イチコは
生後3ヶ月前まで
ずっと家にいたけど
二太郎は1ヶ月半で
毎日幼稚園の送迎…
やっぱり寝てる体勢に
慣れてるかどうかなんかかな？
いやでも
新生児のときから
二太郎は布団に下ろすと
泣いてた…
イチコも泣いてたけどそれ以上!!
おくるみもNG
ギャー
ガーン
泣くから
抱っこするわけやし
ハッ
もしや
これが…
個性
ドーー
親は同じなのに
こんな違うもん？
まだ
赤ちゃんやで？

2人目やから「イチコはこうやった」って思っちゃうけど、そこ気にしたらしんどくなるな…
お世話の仕方は経験を生かしつつ、子どもの成長の具合は経験を重視しないようにしよう
成長したらもっと個性がはっきりするやろし、
子どものためにも自分のためにも個性は大事にしないと！
ほんで抱っこ好き、身体的にはキツいけど、
泣いててもとりあえず抱っこしたら泣き止むことが多いから精神的には楽！
意味不明な泣きが少ない!!
どんな個性でもありがたい部分はあるもんなんやなぁ…
この後も…
ネントレや夜間断乳の時期
1人で歩きたがるか親から離れないかなどなど
いろんな違いを見せてくれました！
いや～赤ちゃんておもしろい！
しみじみ…

お風呂前の戯れ
にたろ〜♡
ぐぅ〜
う〜
う〜
あ〜
ブブブ
あぐ〜
う〜
きゃははははは
何かもうかわいすぎて
どうにかなっちゃいそう
背中スイッチと
起きるな〜
寝ろ〜
寝た？
寝た！よしよし！
プゥ
ギャー
屁・・・！

お風呂前の裸の戯れ。

かわいい屁が憎い。

二太郎 3ヶ月

I ♡ OBENTO
あしたおべんと？やった〜！
うぃんないれて！
はーい
とまとも！
はーい
ぶろっこりある？
あるよ
翌朝
おべんとできた？おいしそ〜！
うぃんな！とまと！
卵も入れたよ
やった〜！はやくたべた〜い！
ねおき
お迎え
ただいま！おべんとぜんぶたべた
うれし〜！おいしかった？
うん！
何が1番おいしかった？
…なにはいってたっけ？
嘘やん
お風呂で
うと
うと
○。。うと
…スー
スー
お風呂で寝落ちって…
かわいすぎるー!!!

リクエスト、もう聞かなくていい？

君…誘ってるの？

二太郎 3ヶ月

蚊と幼児あるある

しずしず、が正解やで

「木」は言えるけど「蚊」は難しい。

気持ち内股で狭めの歩幅で旦那の3歩後ろを歩いているはずなんやけど。

二太郎 3ヶ月

息子のオムツ替え

だいじだいじ。

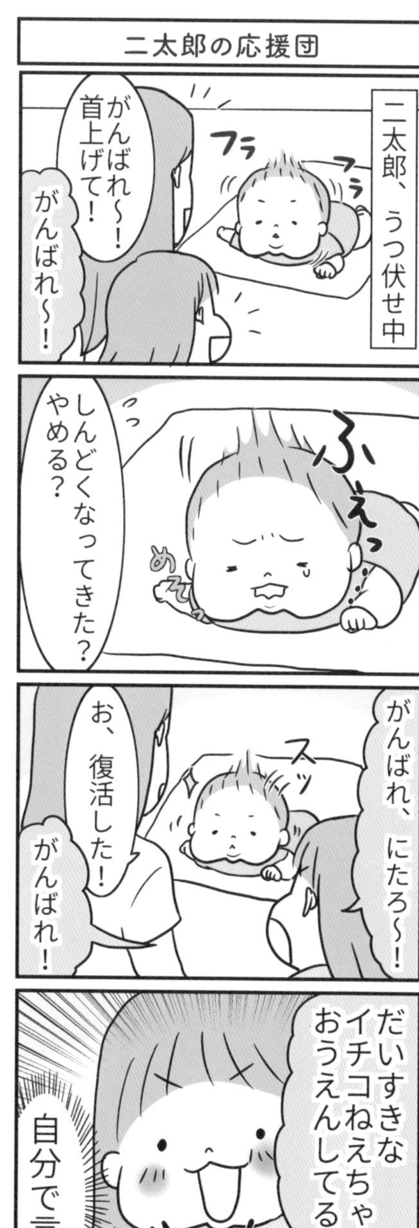

二太郎の応援団

最強の応援団。自称。

生きとし生けるもの

あ、ありさん！

ほんまやね〜

さ、行こ〜

いってくるね！

イチコのあたらしいおともだち！

今確信した。

やっぱり私天使産んでた。

みーんな、おともだち！

ただいま 子ども 二人

こう見えてお昼寝中

2人とも…休める？

乾杯

ハーイ
チーン
かんぱ〜い！

にたろ〜も！

ちょん
かんぱ〜い！

ドーン
マジで
ザッ
ちゅっ
ちゅっ

乾杯の流れがパーフェクトな0歳児（3ヶ月）。

きゅっ

モノを掴めるようになった二太郎
よくイチコに持たされる

抱っこ中
きゅっ

腕枕中
きゅっ

授乳中
かわいすぎるぅーー！
きゅっ

サルのお母さんは終始かわいいお手手で握られててうらやましい。

食べちゃいたい♡

二太郎～♡

あぅ きゃーい

かわいいなぁ♡

かわいいかわいい♡

すり すり うーぐー

かわい過ぎて食べちゃうぞ～♡

あ～ん…

あぐー

すみません 冗談です

ス...

突然の真顔。

早朝の出来事

まだ4時半…まさかの抱っこ泣き！

ギャーギャー

ちょっと抱っこして寝かすか…

二太郎ねんね…

むくっ

ギャー

あそぼー

おかあさんおきた？

バタバタバタ

この日の起床時間、4時半。

モノマネ？

あつかう？

かわええ♡

あそぼか♡

イチコ

Zzz

チョロい母。

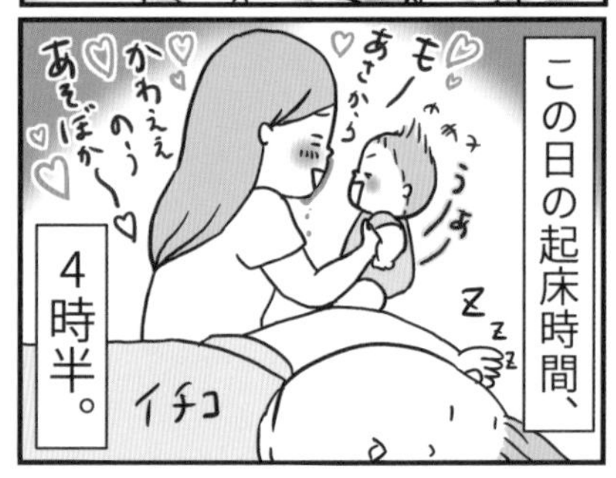

ダブルで

久しぶりのかんしゃく泣き…

ギャー!!

こっちもギャン泣き!?

ギャァァァァ ギャァァァァ

何この地獄絵図…

むしろ笑える

二児の母も慣れてきました

こんな重なる〜？

プッスー！

おかあさんおにぼっこしよ！

きびだんごくれたらね

鬼ボッコ

おにごっこのつもり。

動画も撮りました。

ばぁばと二太郎

二太郎ってさ〜

うん？

本当顔整った赤ちゃんだよね

…え？

長い薄毛
ダレ目
アゴ小さい

顔整ってるわ！ね！

孫バカすげぇ

くもりのない目

親バカ＜孫バカ。

二太郎を見つめながら

にたろ〜♡

ほっこり…
あ〜ー

あっ！

どしたん？

にたろうのおめめのなかにイチコがはいってる！

うつってる

メルヘン天使降・臨！

メルヘン

ねぇ聞いた？♡お目目の中に入っちゃったんやって♡

親バカ4コマ
授乳前
ハフ
ハフ
ハフ
人差し指くわえ中
ニッコー
抱っこ紐の中
あはっ
あはっ
あはっ
笑うと目の間にシワ
以上、最近の二太郎のラブリーキュン顔ベスト3でした
ウチの子かわいすぎィィィ
脳内イメージ
キレイな女医さん
二太郎、発熱し病院へ
お腹もしもし～
溶連菌の検査するね
泣かない！強いね～
この個室でお待ちください
スッ…
パタン
パタパタパタパタ…
ええかっこしい疑惑
ギィヤアアア
今!?

かわいすぎるからオチはいらないよね！

レディの前では涙は見せないぜ☆

二太郎 4ヶ月

[夫婦ってこんな風に親になるんや]

どっちに似ても
イチコ妊娠中
モチコ母
チチオ母
子どもがチチオに似たら大変やな〜
チチオは動き回る子で…
病院の椅子の下を端から端までほふく前進してたんよ
うわぁ…
あら
私は他人のフリ…
モチコも1人でエスカレーター乗ってスーパーうろついて親を迷子扱いしてたよ
モチコこんなとこに…
もう！どこいってたの！
うわぁ…
どっちに似ても大変〜！
あははは
あははは
ははは
ははは
怖…
お腹の子の性別
イチコ誕生前
お腹の子女の子か…
?
女の子を育てられる気がしない！
女の子やろ!?
俺は男やからわからん！
自分とは違う性別…!!
女の子は不安なのか…
二太郎誕生前
お腹の子男の子か…
チチオも男やし自分の経験生かせるやん！
男の子を育てられる気がしない！
大丈夫かな俺！
俺も男やから男の大変さ身にしみてるし!!
どっちにしろ不安

《第2章》

2人育児って オモロい！

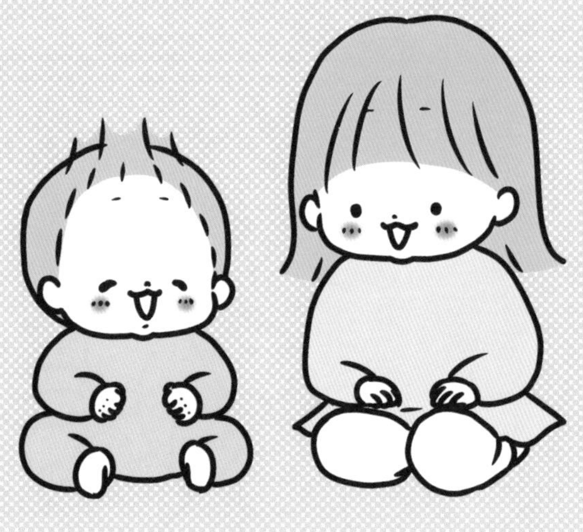

［イチコフォローのお話］

お母さんっ子

ひとりっこ

1人孫

1人姪

2人目が生後1ヶ月で幼稚園

イチコへのフォロー！

赤ちゃん返りする要素オンパレード★

2人目を妊娠し1番重視したのが…

妊娠中から「弟誕生=楽しいこと」と刷り込み

イチコのこと好きやで〜！楽しみやな〜

「お姉ちゃんなんやから」とは言わず「さすがお姉ちゃん！」と、「お姉ちゃん=憧れの対象」として扱い

出産してからもイチコが弟に嫉妬しないよう気を配り

イチコの前であまり抱かない

退院直後もイチコ最優先！二太郎のお世話もイチコの意見を聞きながら！

なんで泣いてるんやっ！？おっぱい！？

結果…

イチコの希望で3人寝

かわいいね〜♡

弟LOVE

赤ちゃん返りもヤキモチもなし！

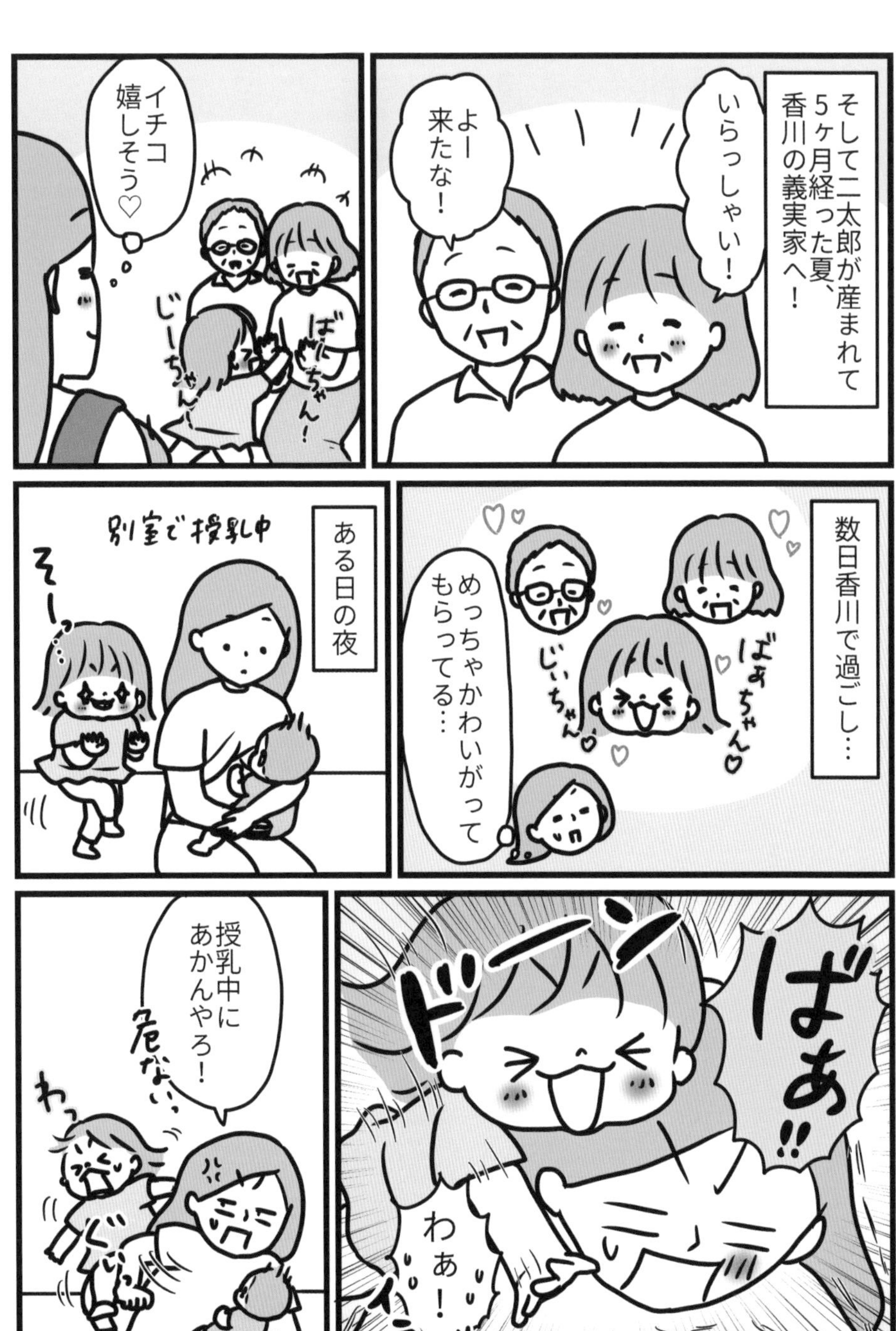

そして二太郎が産まれて5ヶ月経った夏、香川の義実家へ！
いらっしゃい！
よー来たな！
イチコ嬉しそう♡
ばーちゃん！
じーちゃん！
数日香川で過ごし…
ばぁちゃん♡
じぃちゃん♡
めっちゃかわいがってもらってる…
ある日の夜
別室で授乳中
そーっ…
ドーン
ばあ!!
わあ！
イラッ
授乳中にあかんやろ！
危ない、
わっ
ぐいっ

みんながいる部屋

わーっ

慰めて
もらってくれ
授乳しな…

ギャー

うっ

あ、
い
い
やっちゃった

イチコが
「おかあさんがイチコを
きらいになっちゃった」
って泣いてるけど

え!?

1分後

モチコ〜
大丈夫?

ん?

さっきの「ぐいっ」で?
でもそんな力は
強くなかったよ?
しかも普段はほぼ
イチコファーストやし…

イチコ
ファースト

香川に来てからは
いろんな人に
チヤホヤされて…

こんなに
優先
してるのになぜ!?

ハッ

もしや香川で私との時間が減ったから？

そういや私も弟が生まれる里帰りのとき、お母さんと遊べなくて妹とケンカしまくったな…

しかもすごく暴力的。

私

妹

おばあちゃんもおじいちゃんもかわいがってくれたけど子ども心に「なんか私も妹もおかしい！」って思うくらい情緒不安定やった…

なかなか会えへんしかわいがってもらい…

じいちゃんばぁちゃんにどれだけかわいがってもらっても

イチコにとって「おかあさん」は特別なんやなぁ…

ごめんね！イチコのこと嫌いになるわけないやん！

大好きやで！

うん

この後は私もなるべくイチコと過ごすようにしたからかイチコがこういう不安を口にしたのは後にも先にもこのときだけ…

おかあさんはイチコのことだいすきやんね～♡

母からの愛♡を確信しているようで安心です…

イチコ、初抱っこ！	初めてのお手紙

イチコ、初抱っこ！

やってみる？

にたろうだっこする！

にたろう〜♡
ドキドキ

相撲…
びょん びょん

二太郎の勝ち！
でーん！！

二太郎山に白星。

初めてのお手紙

おてがみ！いつも、いっしょにねて、ありがと！
じーん…イチコ…

きょうは、おこらないでねてね！
ぽぽちゃん
もう寝よ〜！！
←毎晩のやりとり
ええー…

ぼんばいべ〜ん
ええー！
バッ

はい！
ええええー！
ばーん
イチコちゃんへ
ごにゅうえん おめでとう
じいじ ＆ ばあばより

初めてのお手紙ってもっと感動するものやと思ってた。

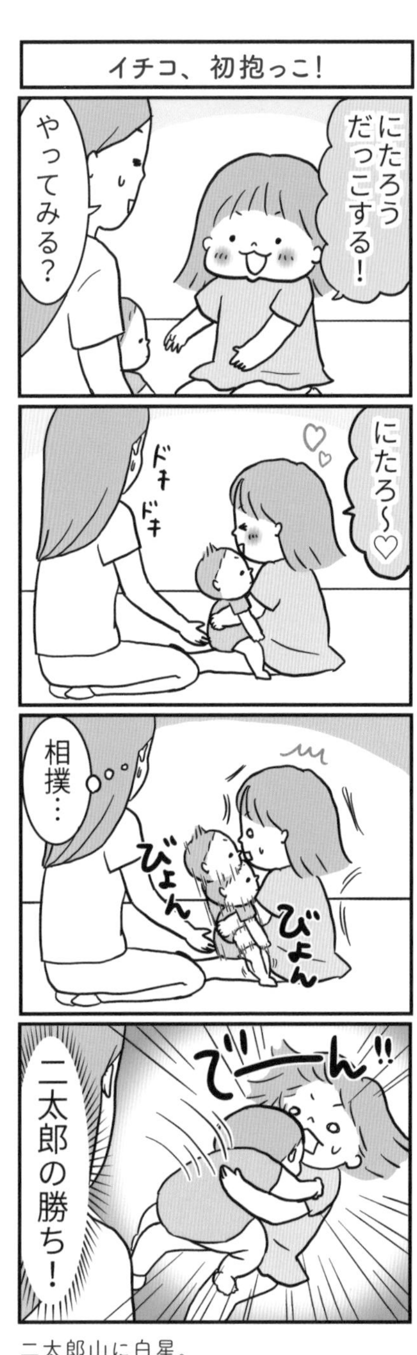

遊び食べをしたので

ご飯中遊ぶので強制終了

まだたべる

わぁぁぁたべたぃぃぃ——！

ダメです

たべる——！
たべたい——！
わぁぁぁあぁぁあぁぁ

ひょぃっ

何今のエア食い

たべる——！
わぁぁぁあぁあぁたべるぅぅぅぁぁぁぁ

もちろんお腹は膨れず泣き続けました。

アイスを食べながら

アイス

ぴょっ

ジューッ

がんばっても舌が届かない位置

べろーん

べろ……

プルプルプル

アホかわ…♡

べろぉ

プルプル

べろぉーべろべろぉー…！

二太郎のキレイなお目目

二太郎のお目目キレイやねぇ♡

キレイな目に映る、残酷な現実。

渋滞中4歳の名案

混んでるね〜

進まないね〜

何?

わたしおもいついた!

かいだんのぼってにじのすべりだいしゅーってしてやねにのぼってぴょんぴょんってかえる!

どう?

ステキやし天才やしかわいい!

安定の親バカすみません。

二太郎 6ヶ月

二太郎 6ヶ月の記録

おこると反る

ビョン

オムツ替えで

赤ちゃん椅子で ピ ピ

ビーン

抱っこひもで

家に帰ると泣く えっ

ギャ

ここはあきたー！

てなのかな？

ちょちちょち上手♡

夜泣き疑惑…

ひどいと1れずっと泣く…

抱っこされるとうれしくなって叩く

ハッ

バシ

バシ

何か泣いてばっかりの絵ヅラになりました…

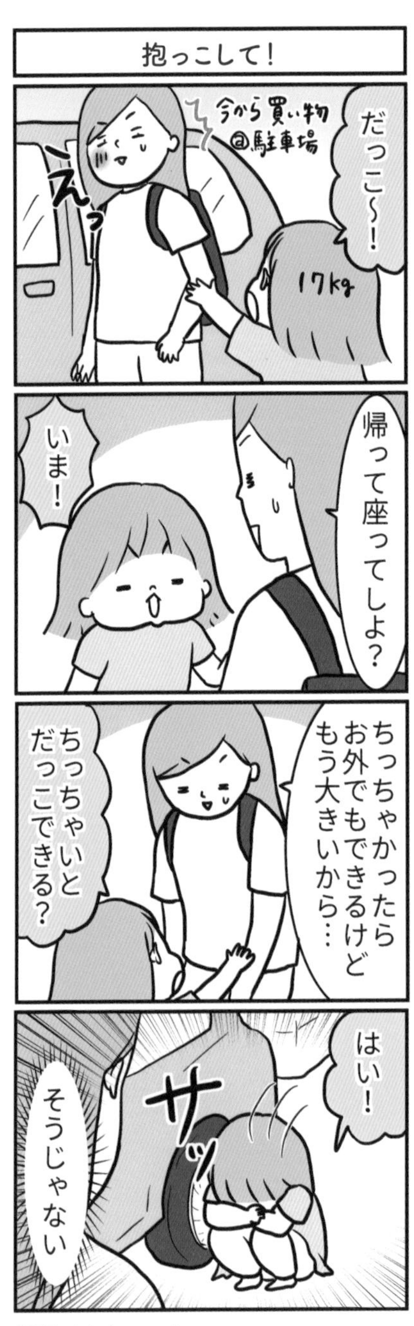

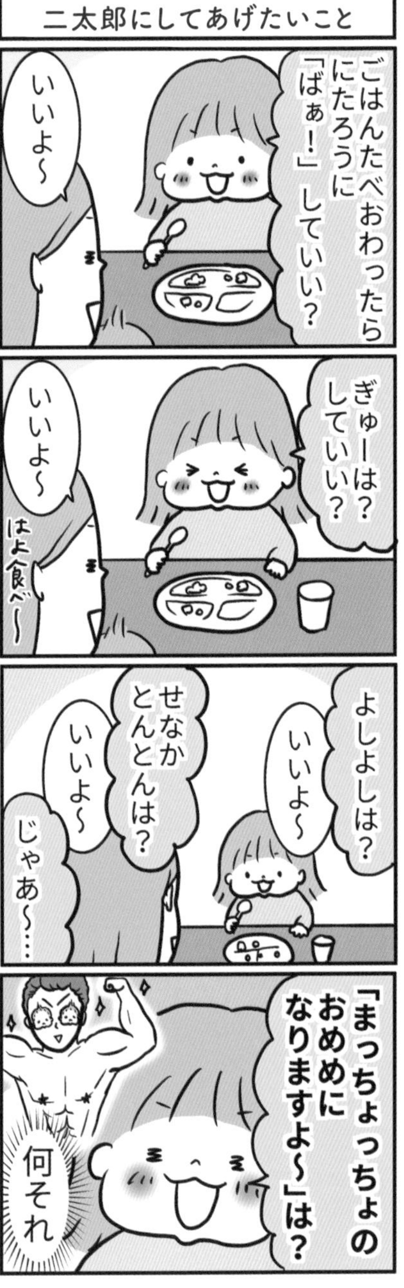

なんやこれ	二太郎離乳食デビュー

二太郎、離乳食デビュー！

ファーストバイトはイチコ(私も補助)

ドキドキ

早すぎて食べれてない

ズボッ

ほぼ垂れてる

タラノ

皿かじってる

グダグダ。

がじがじ

あはは

1年後いろいろ食べれてたらもう何でもええわ！

なんやこれ

うちゅうです！

せんせい、だからいったんです！うちゅうなんですせんせい！

ありがとうございます！

ゆるしますよ♡

おねえさん、だからゆるしてください！

じゃりんごたべよう

ちくわはおかしにならないよ！

あー…ちくわがいい？

りんごがたべたいんです！

どういう…

たべますね！それちくわです！

…というイチコのお人形遊び。

しかも靴下

世界観が独特すぎる。

なかよしきょうだい?

お、なかよくしてる♡

にたろ〜♡

あはは にたろ〜♡ にたろ〜 ちっちでたのぉ? ぐへへへへへへ にたろ〜♡あはは

あはは にたろ〜! にたろ〜〜! あへ あはは ぐふふふふ ちっちでたの、そうなのぉ〜? ピーン

にたろ〜♡ あははぐへへへあはっ 狂気じみてる

愛は人を狂わせる。

蒙古斑で見る
3歳の差

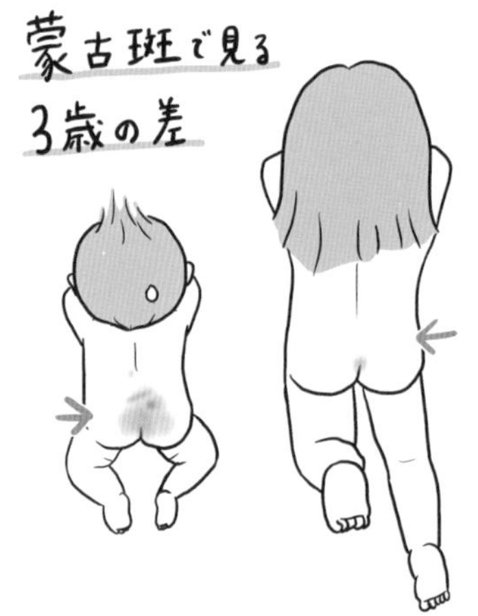

蒙古斑に違いはあれど、いずれもプリケツ。

二太郎 6ヶ月

そん

な〜めなめ

うさぎそん！ちーたーそん！
「そん」？
ぱんだそん！ぞうそん！
くまそん！
乱入しちゃお
フフフ
らいおんそん！
ビシィ!!
なにそれ？
えぇ——!?
ぬいぐるみ
べろ
べろ
べろ
ガラガラ
しゃぶ
しゃぶ
ペットボトル
ガジ
ガジ
離乳食
ぐっ
なぜなのか
NO THANK YOU!!

何かすんまそん。

絶対離乳食の方がおいしい。

二太郎 7ヶ月

まねっこ

若い女がいいのか

なんのまねでしょう!
ヘビ?
スルスル
スルスル
ぶぶー!
すいどう
ジャー
スル
スル
スル
水道
なんのまねでしょう!
猿?
うーっ
うーっ
うーっ
ブンブン
ぶぶー!
おとうさん
うーっ
うーっ
うーっ
ブンブン
嘘やん
いっちゃうよ~♪
サッ
ピシャッ
ギャアアアア
ん?
二太郎!お母さんここやで!
アアア
アアアア
チラッ
じゃ~ん!
サッ
ギャィアアアアア
ピシャッ
イチコを後追い…!
力不足

シュール&適当。

姉ちゃん楽しいもんね…

二太郎 8ヶ月

寝かしつけのご褒美

神アングル…!

妖怪「カタヒザ スイボーツ」出現

＊片膝立ちハイハイで移動し、あらゆるものを水浸させる妖怪

かわいい妖怪やな！ 捕まえてハムハムしたろ！

腹巻のズレっぷりは異常

さむい…

お腹丸見え！腹巻も下がってる

直したろ

おいで

ぱぁぁぁぁぁぁ

ん？

あっためて♡

思ってたんと違うけど…まぁいいっか♡

もーッ！ 勘違いしてるゾ♡

逆やから

授乳中

ごくごくごくごく…

ガブッ

痛っ！

ビクッ

私の→ビックリ

ふっ…

ふっ…

ふっ…

理不尽…！

ギャ ギャ

ヨシヨシ

泣きたいのは私。

二太郎 8ヶ月

六面楚歌
←イチコの椅子
ぺたっ
ゴン
ギャアアア
（痛い〜!!）
ギャアアアア
（行けない）
ギャアアアア
（こっちも行けない）
↑かがんでる
ギャアアア
（閉じ込められた〜）
アホかわ…♡
涙のリクエスト
あ〜っ
あ〜っ
あー!っ
あぁー!っ
抱っこ？ちょっと待ってて
あうー!っ
きゅっ…
大事な書類書いてんのにちょっとだけやでもう二太郎かわいいなおい
その笑顔と反応なんなんズルいわほんまこの子は
チョロい母です。
へぇっ
へぇっ
へぇっ
バッシ
バッシ

この後スタッフが救出しました。

この天然小悪魔め…♡

二太郎 8ヶ月

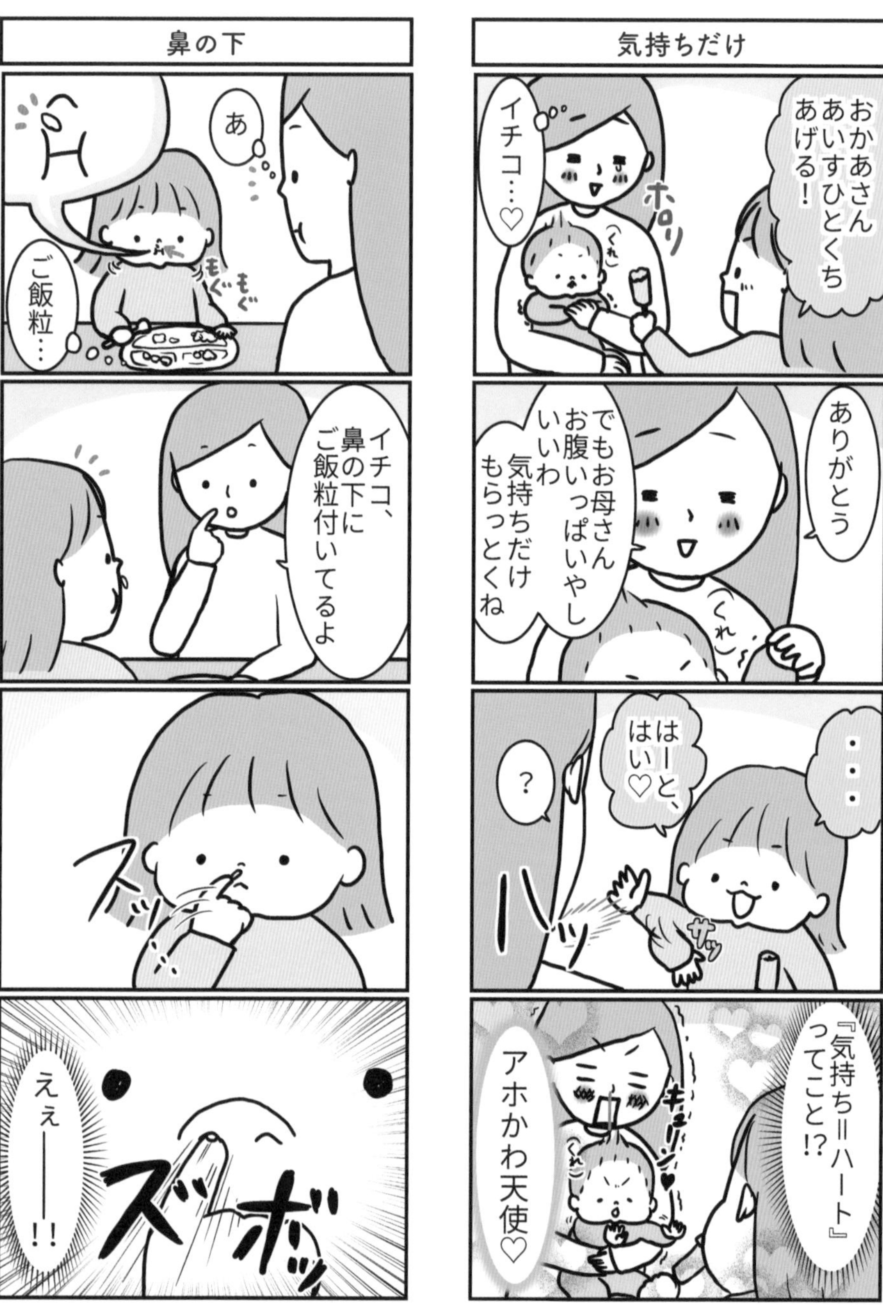

気持ちだけ	鼻の下

しっかりハートいただきました♡

鼻の穴に押し込まれるご飯粒に産まれなくてよかった。

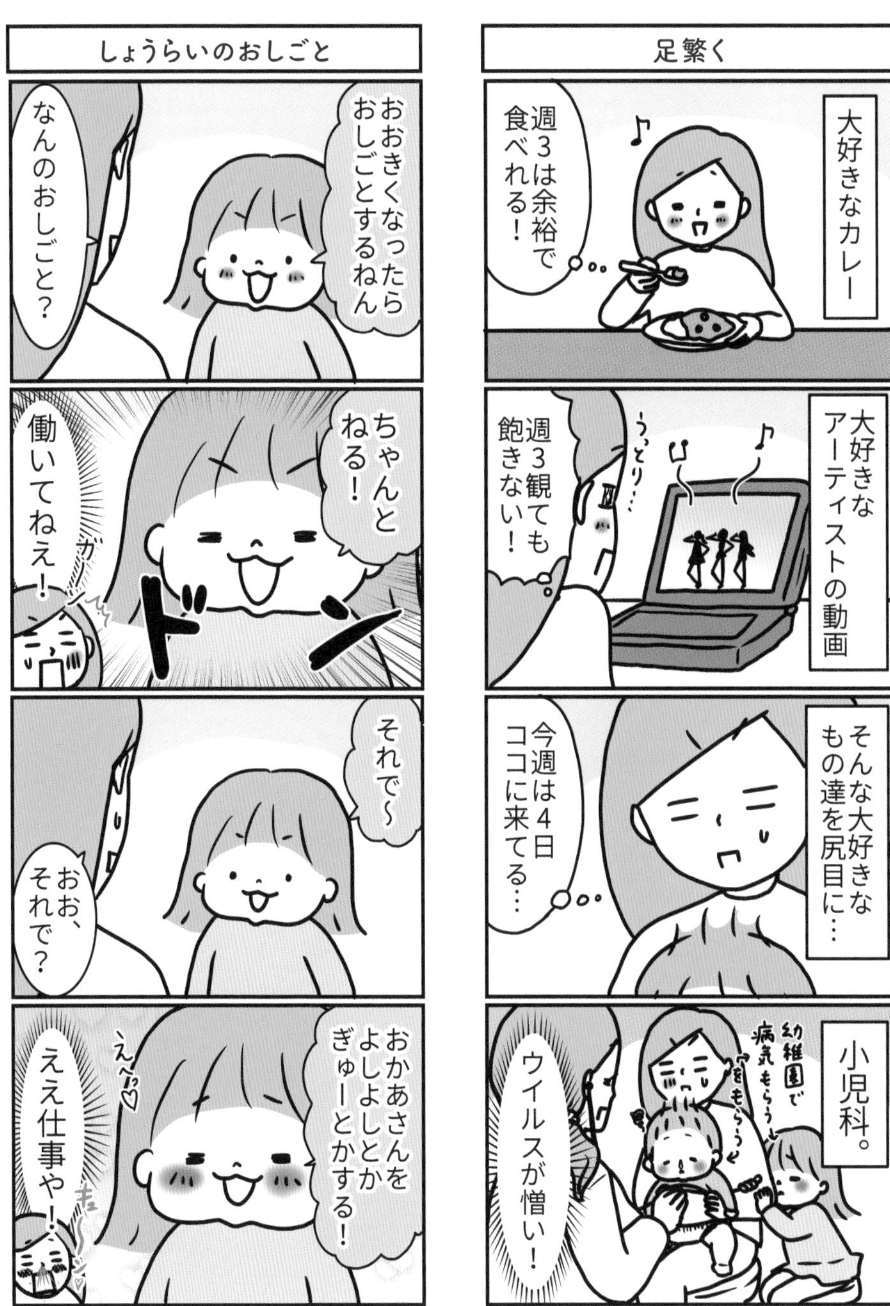

しょうらいのおしごと

足繁く

大好きなカレー

週3は余裕で食べれる！♪

大好きなアーティストの動画

週3観ても飽きない！

そんな大好きなもの達を尻目に…

今週は4日ココに来てる…

小児科。

ウイルスが憎い！

幼稚園で病気もらう...

もはや先生のファン。

おおきくなったらおしごとするねん

なんのおしごと？

ちゃんとねる！

働いてねぇ！

それで～

おお、それで？

おかあさんをよしよしとかぎゅーとかする！

え～♡

ええ仕事や！

採用！

変なみかん	オトコノコですから

変なみかん

ばぁばがみかんくれたよ

あ！

ん？

このみかんへんになってる！

デコポン

ぽこっ

大丈夫！そういう形やねん

ふーん？

なおしとくね

ストーップ！

潰される前に止めたので、おいしくいただきました。

オトコノコですから

ショッピングモールの授乳室

満

はいはい待ってね〜

ギャーギャー

ギャー

スッ

美

ふぁ——

ピタッ

確かにかわいかった。気持ち、わかるよ。

二太郎 9ヶ月

二太郎は食べられない
おやつ中
にたろうは
だめ!
ぱ ぱ
お母さん
ガードしとくわ
サッ
はよ食べ~
もぐ もぐ
・・・
食べた
ぱく
見せたいものと見たいもの
わ!
二太郎全部食べた!
いつもは3口で終了
からっ
すごいね~♡
ほら、
からっぽ!
ほら!
視線
じーーーっ
お顔じゃなくて
お皿見て!
からっぽ!
お皿見て!
からっぽやで!
視線
じーーー
フリ
フリ
サッ
パチ
パチ
言いたいことが
全く通じないのに…
嬉しい…♡
視線
じぃぃー

おいしくないで。

そんなにお母さんのこと好きなん…?

イチコはなんにでもなれる

うわぁ…ほんまやりんごジュースそっくり!!

個人懇談

二太郎 10ヶ月

これ実際は、ばぁばんちでも、友達にも報告させられた上、家でも1週間言われ続けました。

2人目早い

細長くちぎった食パンをあげました

きっと…

こういうのが見られる！

パンはにぎってるのに食べられない？

出てるところは全部食べて残りは手の中

パン→

イチゴの記憶

来い来い♡

ドキドキ

スッ…

2人目、気がつけば赤ちゃん時期が終わっていきます…

食べた…

サッ

スッ

はむ

もぐもぐ

消えていく赤子特有のアホかわ。

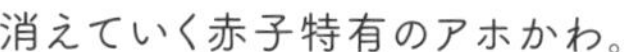

うんちくさいからにおいこないようにしてんの！

鼻むき出しですよ

気持ちでカバー！

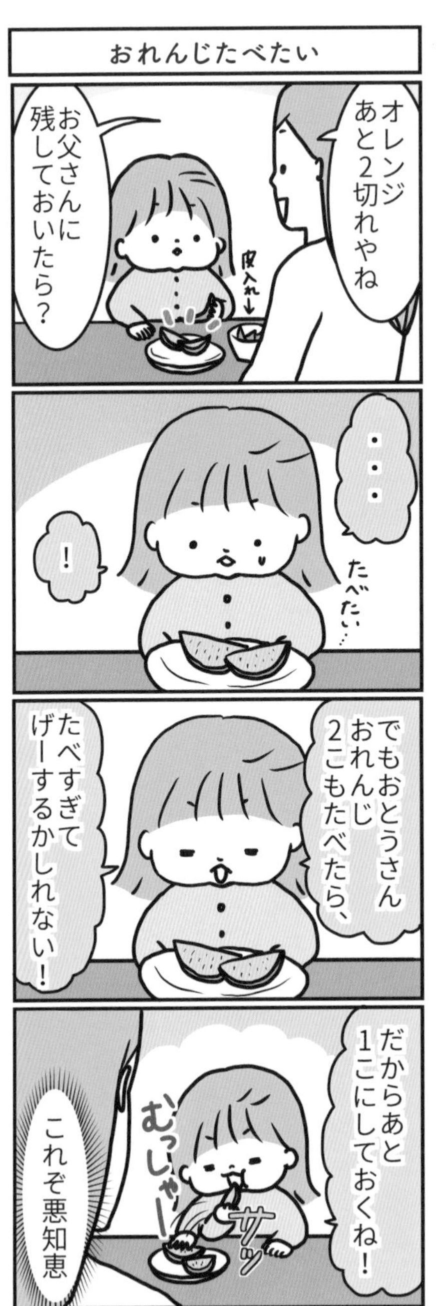

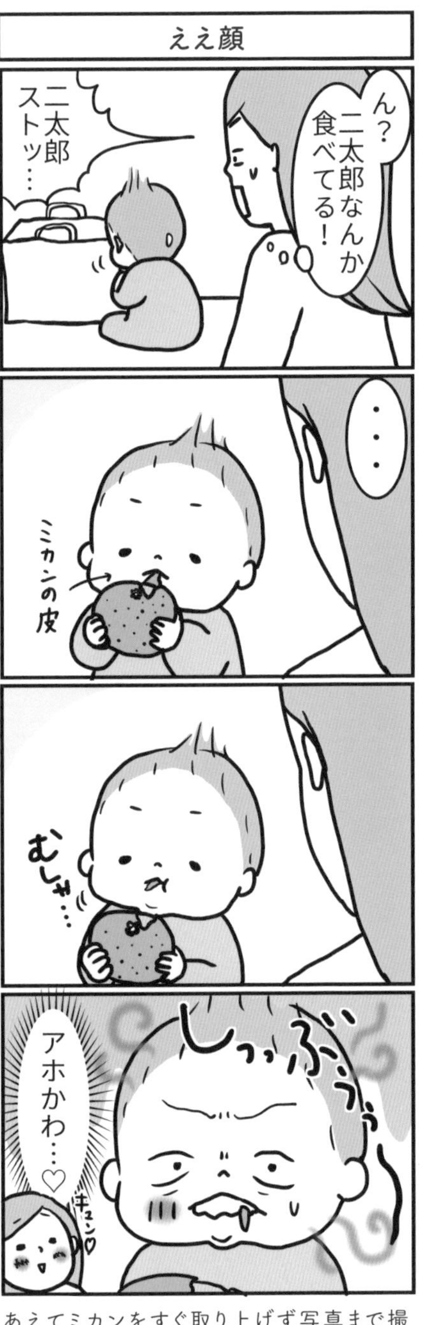

あやし技	ばぁ

あやし技

イチコの二太郎あやし技

必殺笑顔

おねえちゃんだよ〜♡

にぱっ

...

そして…

笑わないねぇ

...

こちょこちょ〜♡

くすぐる

引き笑い

ひひひ ひぃ はぁっ はぁっ はぁっ はぁっ と ーーん

バカウケ

へへっ へへっ へへっ えっ えっ えっ

ど どーーん

明石家イチマです。

ばぁ

つるっ

↓ 伝い歩き中

うおっ

ゴロン

ばぁっ

ぴぃーん ぴぃーん

何が「ばぁ」…？

...

よくわからんけどかわいいから良し！

二太郎 10ヶ月

雨の日のイチコ

じー…

カワイイ…

フードから顔の中央部だけ出てるの

キュッ

くる

あめやから！

きょうながぐつ！

最近晴れても長靴やん

水たまり

LOVE

人がいるときは禁止！

る

二太郎 10ヶ月

雨楽し〜〜〜! byイチコ

LOVE、爆発

愛しい我が子ですが、時々「超愛しいスイッチ」がオンになります

カチ

あああああ かわいいいい!! かわいいだろう。

ガバッ

むぎゅっ

もみもみしたろっ ああモチモチっ 何その顔!? 誘ってんのんか、ああ かわいいなぁ

スリスリ

もみもみもみもみもみもみもみもみもみもみもみもみ

ぬっほ

キモい自覚? はっきりあります。

ムチュ

誰にも止められない。

雨の日 抱っこ紐の中の二太郎

ほ

これが…あめ…by二太郎

お母さんより

にたちゃんイチゴだよ〜

ばぁば

あぁん

二太郎、抱っこで食べる？

あら♡

ギュー

二ィ

ばぁばに負けた…！

今まで私が一番やったのに…

ガーン…

違う！ばぁばというか

イチゴ係に負けてる

イチゴ係

知らん人<知ってる人<<<お母さん<イチゴくれる人

こんちゃんはじめ

きょうはこんちゃんようちえんにいるかなぁ♡

うふっ♡

こんちゃん

メンズ

イチゴ本当こんちゃんのこと好きやねぇ

登園中

初恋

うん！

それでかーくんもすきだし〜

はーくんもすき！

ふぁ…

おとこはすき

ふぁ——

ドン

3歳、すでにオンナ。

二太郎 11ヶ月

● 7 ●

ヘアスタイルで演出
サッ
パラッ
おかあさん…
イチコ…
ごうか？
豪華！
お手玉乗せ
モチコ見て〜！
お手玉を…
ひょい
ひょい
キュ〜ン
ぺそ
!!
何それかわいい代わって！
サッ
いいよ〜
二太郎こっち！二太郎！
こっち！こっちぃーー！
(おとうさーん)

うん、豪華！

何度教えても母にはお手玉をくれませんでした。

二太郎 11ヶ月

うれしかったから	屁

うれしかったから

おとうさんじゅーすかってくれてありがと！

どういたしまして

じゅーすかってもらってうれしかったから

イチコがおかねつかえるようになったら…

にたろうにおもちゃかってあげる♡

天使…いや、

神だ

イチコ神、ここに誕生…！

屁

プゥッ

？

？

探してる…！

屁の正体探してる…！

A.HO.KA.NA

？

見つからず諦めました。

お手玉
チチオ
ひょい
お手玉
ポト
ス
注 おでこ
のせようとしてる
精一杯伸ばした短い腕
萌
ポト
年少さんの発表会
イチコの発表会
カチ
カチ
カチ
カチ
カスタネット
ちゃんとできてる！かわいい！
キューン♡
ボー
プッタ
うん
うん
1人だけ
カチ
1人ズレてる！かわいい！
キューン♡
何でもかわいい
プププ

かわいすぎるよ…！

できてててもできてなくてもかわいい。

赤信号に引っかかりたい瞬間。　　疲れ切ってる…ウケるー!!!　by二太郎

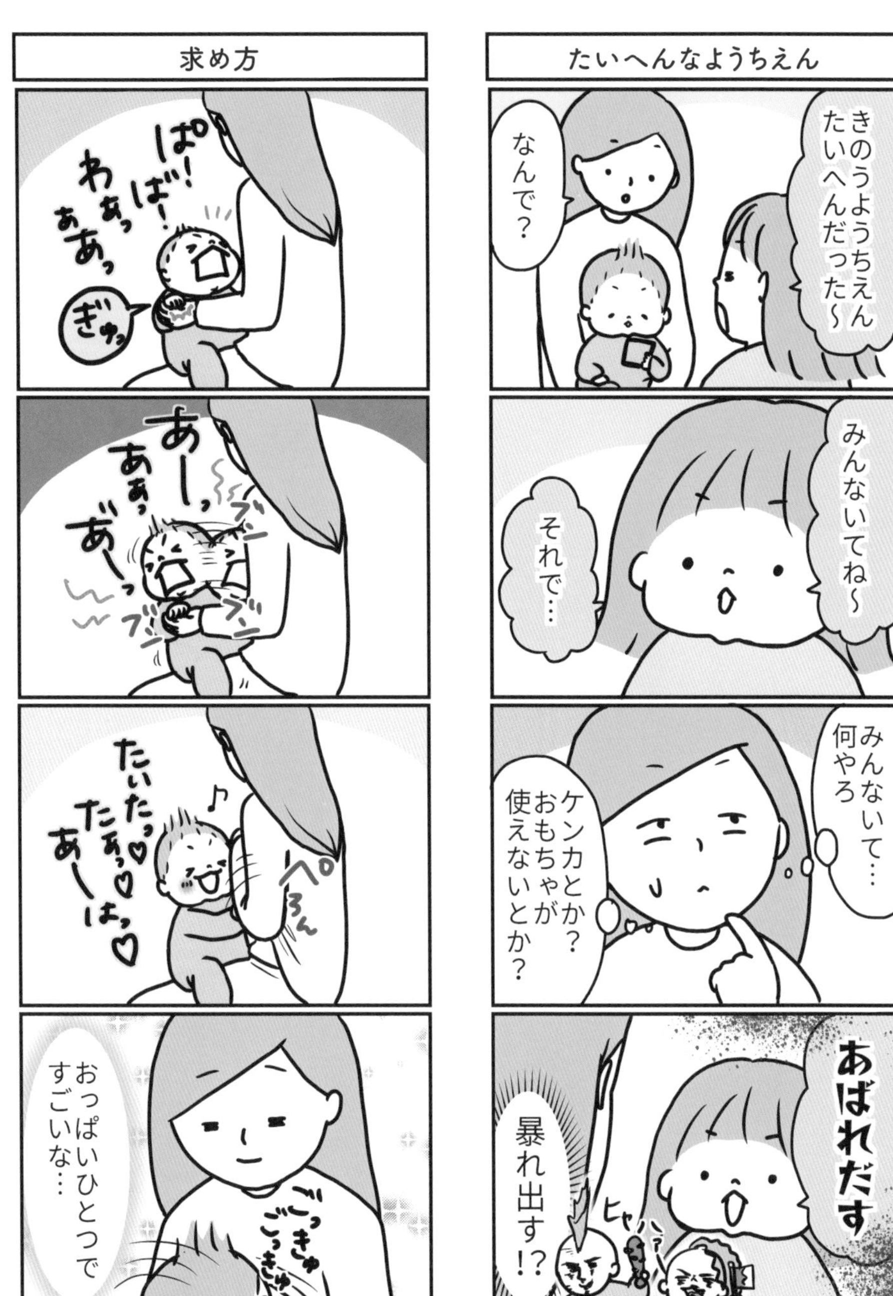

求め方	たいへんなようちえん

二太郎 1歳0ヶ月〜3ヶ月

彼の感情はおっぱいに支配されている。

先生お疲れ様です。

二太郎ももう1歳…

初めての男の子、イチコとはタイプが違うのもあってわちゃわちゃしたり…迷ったり…

今でも迷うことはたくさんあるけど、

産まれてからずっと迷い続けているあの問題…

それは…

むくむかない問題！

パオ〜ン

思春期や大人になったとき云々は気にならないけど…

今病気にならないかがとにかく心配！

オムツ替え中↑

ママ友に聞くと…

痛そうちゃう？

怖くてむけない

本やサイトを見ても…

言ってることがバラバラ！

むけ　むいても　OK
むくな　むかなくてもいい

boy ikuji
piyo piyo boy

チチオは…

赤ちゃんのは扱いがわからん！

俺も怖い!!

そんな日々を過ごしていくうちにあることを知りました

「むきむき体操」?

詳しくは調べてね...

親が子の皮をむいて清潔にしてあげましょうというものらしい

病気予防!!

これで

1歳を機にやってみるか...

二太郎、むきむき体操やってみようか!

＠お風呂

ちょっとち○ち○触るよ〜

ぐっ

痛い？でも病気にならんように洗っとこ？

！

！

ぐっ

わかりやすく痛そうな顔...

できねぇ——!!

ふぇ...

ということで...

むかずにお風呂で洗おうね！

むかなくてOKって意見もあるし!!

あぅあぅ〜

病気になってむかなあかんくなったらそのときがんばります♡

二太郎　1歳0ヶ月の記録

意思がわかりやすい

近い→ だっこ

いちご くれせろ

NO

ブン ブン ブン

OK ニコー

ばあばあ！ あでっ！たいたっ！

なんか しゅべってる

ここに来て 人見知り？

NO ぎゅっ

おいでー！

靴は キライ

移動は 基本歩く

でっ でっ でっ

赤子から幼児に成長中

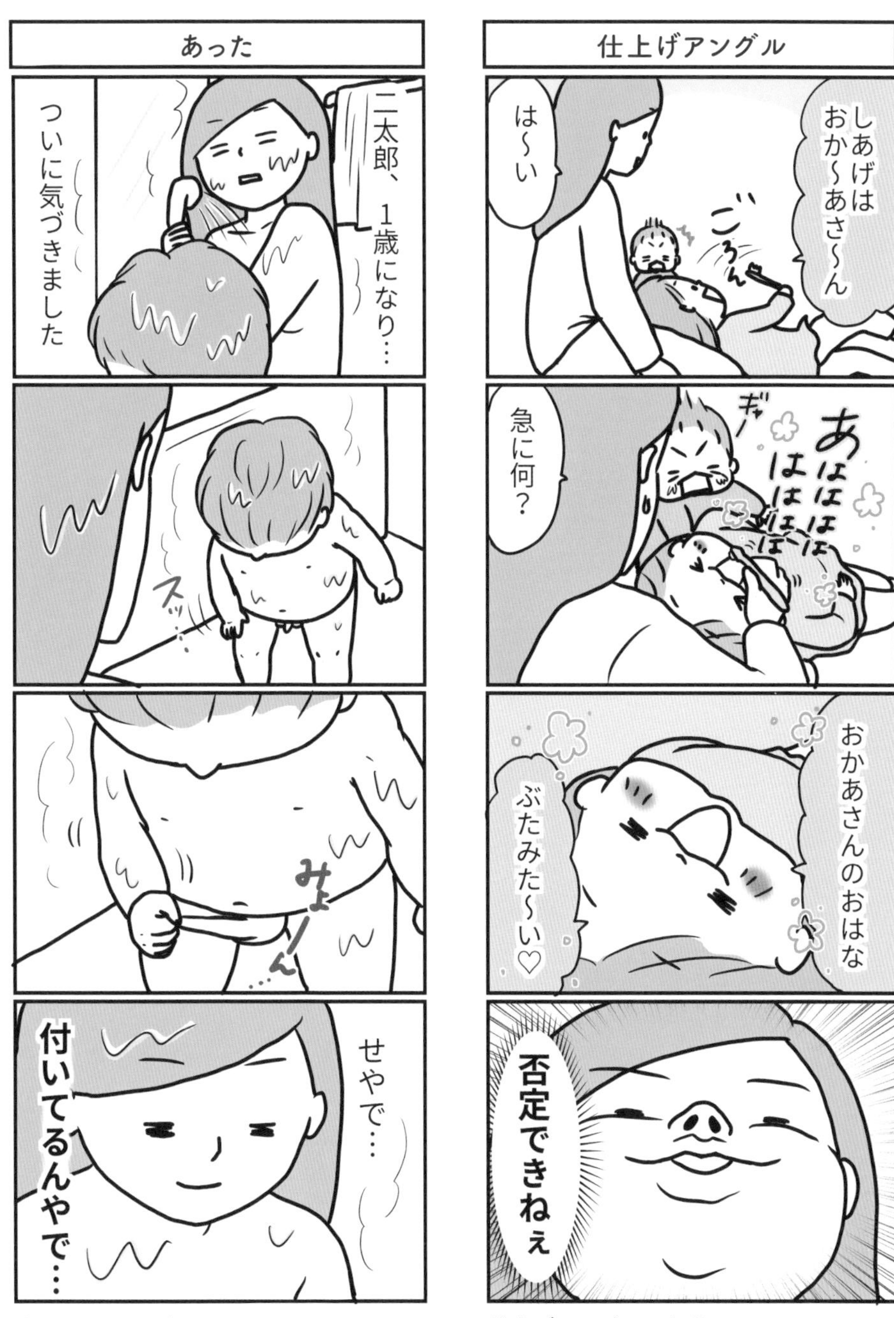

あった
二太郎、1歳になり…
ついに気づきました
スッ…
みよ〜ん
せやで…
付いてるんやで…
仕上げアングル
しあげはおか〜あさ〜ん
は〜い
ごろん
ギャ
あははははは
急に何？
おかあさんのおはな
ぶたみた〜い♡
否定できねぇ

なんかついてる！

仕上げアングルは危険。

二太郎 1歳0ヶ月〜3ヶ月

通訳

だいだいっ！

「だいだい」やって〜！

だいだい〜？

どんな意味やろなぁ

イチコわかるで！

何て？

「だいだい」は…

「だいすき」っていうこと♡

「おかあさんだいすき」っていってるんやで♡

なるほどその通りやわ

素晴らしい通訳ですね。

ある日の授乳風景

イチコも二太郎も器用ね。

二太郎と風船

通せんぼ

ツルッ
でっ
でっ
ぼいーん
コケッ
ゴロン
ギャー
キュ〜〜ン
ププププ
風船&ヨチヨチ歩き最強…!
ⓐばあばんち
しうばにあちゃんしていい?
シルバニア
二太郎がいないところでね
はっ
でっ
でっ
でっ
こっちはだめ!
サッ
!!
ぎゅう
ブシャー

漫画みたいな転がり方。

思いがけない萌え。

| ば | リカちゃん遊び |

ば

ばぁ!!
ばぁ!
ばぁ!

ばぁー
ばぁー!
あはは ばぁー
あははっ

ばぁー
ばぁー
あははっ

シャッ

「ば」を叫び合う…それだけでこんなに楽しめるんやね…
ばぁー
ばぁー!!

ギブミー防音室。

リカちゃん遊び

誕生日プレゼントはリカちゃんと友達のさくらちゃん

わーい♡

やってるやってる♡

ねぇきょうはどこにおでかけする?

たべにいくっていうのはどう?

ケーキかな?パフェかな?

かつどん
カツ丼

男らしい…!

スキップ

すきっぷしながらついてきてね！

イチコ、スキップをマスター

ぴょんこ
ぴょんこ
ぴょんこ
♪

ぴょんこ
ぴょんこ
ぴょんこ
ぴょんこ
♪

ぴょんこ
ぴょんこ
ぴょんこ
ぴょんこ

シュール…
ぴょんこ
ぴょんこ
ぴょんこ
♪

サザエ一家か。

踏みたい

ダン

アーホーかーわ

だん
だん

紙は遠いし足は短い。

帽子はあかん

変態仮面。

いないいないばぁby二太郎

ずっといる。

二太郎 1歳0ヶ月〜3ヶ月

床を見たら②

ばぁ♡

あぁ…可愛すぎる…

サッ

サッ

カッ

ギギギ

えっ何で！

痛い痛い痛い

さらに何で！？

めっちゃええ顔

ギギギギ

ギギギ

天使のような悪魔の笑顔。

床を見たら①

えほんがない〜

えぇ！どこ〜？

ソファの下か？

う〜ん…

ひょい

ばぁ♡

フシャ…

何これ…きゃんわうぃい〜♡

ばぁ♡

安定の親バカ。

Siriはわかってなくてもお母さんはとてもよくわかりました！！！

安心しないでください！　履けてるようで履けてませんよ！

二太郎　1歳0ヶ月〜3ヶ月

二太郎 1歳0ヶ月〜3ヶ月

いやもうほんとかわいいわ。

| KONOYO NO OWARI泣き |

怒ると突っ伏して泣く二太郎

また…

公園でも

うわぁ…

いい服についた砂払えばいいだけやし

まぁいいか…

はい起きて〜

うぎゃーー！

ってサー

アウトドアバージョン。

二太郎、歩行中
でっ
でっ
でっ
でっ
でっ
でっ
でっ
歩いている二太郎
よく見ると…
でっ
でっ
でっ
でっ
ブルン
たまらん
ブルン
ブルン
ズボンを押し当てて
ぎゅう〜
バッ
ズボンを股間に押し当ててる…
何して…
ハッ
履いてるつもり…！
アホかわ

ふぉぉぉぉぉ！

この後私が履かせました。

初デート

二太郎が生まれて1年、イチコとの2人時間はほぼない…

…ということで♡

フフフ…

イチコ、お母さんと2人だけでパフェ食べに行こか！

！！

二太郎は
お父さんとおうちで〜

ぱふぇ!!

わ〜いやった〜！

でも…

にたろうさびしがるからつれてってあげよ？

だ〜

姉の鑑

デート 楽しかったです♡

お姉ちゃん…！

GWの朝
Z z z
Z z z
Z z z
かわいい…!
写真撮ったら音で起きそうなので網膜に焼き付けました
ギラ
ギラ
お掃除
ブィーン
でっでっでっ
ガー
※たった今掃除した箇所
コロコロコロ
ブィー
ブィー
コロコロ
コロコロ
素直にキュンとしていいのか…
イヤミか!とツッコむべきか…
おそうじできてないわよォ?
イメージ

GWの朝からほっこりィィィィ!!!

いや、ズボラな私の頼れる存在ということで!

へそあった

二太郎 1歳0ヶ月〜3ヶ月

へそを見つけた二太郎

じっ...

かわいい...

ほじ ほじ

お風呂前

二太郎、おへそどこ？

あれ、わかってない...？

いや、違う！

それオヘッソ

ガサ ガサ

前傾姿勢＆お腹のポッコリで見えてない！

座ったら背中が丸まるので...

あった...

ポコッ

へそ

？...？

おへそはあらわれたりきえたりするようだ。
（二太郎今日の発見）

お尻もみもみ

寝る前

2人の尻の揉み心地は違うんやろか...

さわ さわ

スヤスヤ

※寝る前なので一ちょっと思考がおかしくなってます

二太郎はオムツでわからんな...

イチゴぷりっぷり！

もみ もみ

ガサ ガサ

おかあさん！

何？

勝手に揉んで怒られる？

ギクッ

もっかいやって！

マジで

ドーン

もういっかい揉ませていただきました。

着たい①
二太郎の服
ぐい
ぐい
ぐーーっ
頭の後ろに
スポン
ニコッ
(きれた!)
着れてない
着たい②
イチコのスカート
ぐい
ぐい
スポン
・・・
(きれた)
(きれた)
←うっすら見えてる
でっ
でっ
でっ
着れてはいない

肩掛けスタイル。

お着替えって難しいね〜。

はーい

オムツかえたい人〜？

お着替えする人〜？

「はーい」詐欺。

とりあえず何にでもはーいする人？
「あー！」

二太郎の「起〜き〜て」がかわいすぎる

あ〜うた？

あ〜うた？

お母さんも起こしてぇぇぇぇ〜！

二太郎 1歳0ヶ月〜3ヶ月

眠気どこいった。

姉の様子を見守る弟

おしり高い系。

モデルみたいに①
おかあさん、もでるみたいにかっこいいぽーずして
こう？
スッ
イメージ Koki
ぜんぜんちがう！
こう？
サッ
ちがう！
こう？
ちがう！
こう？
ちがう！
じゃあイチコがやって
お手本
こう！
サッ
ガニッ
ガニッ
絶対違う
モデルみたいに②
前回の続き
やっぱりこう！
スン…
モデルのポーズをしています
サッ
おお！モデルっぽい！
こう？
スン…
ちがう！
ええ〜？
サッ
つぎはこうして！
スン…
スン…
はーい
ちがう！
一緒やん!!
何が違うの？
サッ
サッ
かおがへん
ズリ
ズリ
ふぁーー

何のモデルや。

どうしようもできないやつ。

吹き出し

あ！去年もらったイチコの服

形が私の好みなんだよな〜♡

着てもらおう♪
お着替えソファの上に置いてるよ〜

は〜い（ほぼきいてない）

このふくいやだ！

何で？

だっておならのえがかいてある！

吹き出し

Happy!

まあ見えなくはない…のか？

似てる？

イチコと二太郎

きょうだいとは言え似てるような似てないような…と思っていました

ある日

あ〜いぇ〜♪

あ〜いぇ〜♪

教えた訳でもないのに歌って踊ってる…

ありぇ〜♪

あ〜いぇ〜

血だ…！

激似。

妖怪ライスザラー

夕飯の準備を始めるとどこからともなく妖怪が現れるんです…
はっ
ゆら…
妖怪ライスザラー
来た！
ドゥーーン
かわいさで油断させ背後から手元へ回り
これはお母さんがするから！
これはお母さんがするから！
こちらの意思は完全に無視して…
あぁ！
米を床に撒く…！
ヒイイイイイイイ
ザラァ
7割入らない→
その上…
じっ…
褒めを強要してきます
ありがとう…
期待の目
(お手伝いしたよ…？)
善意100%やから怒れない…！

毎日が妖怪との戦い。

二太郎 1歳4ヶ月～7ヶ月

ズボン引っ張って

洗濯終わるまで待ってね〜

ギャ（だっこして）

ギュ
ズルッ

・・・
・・・
・・・・

あ、ありがとう・・・？
あいっ
あいっ
ビーッ

ヤバいもん出してもーた！　by二太郎

ヘイ、Siri②

またSiri起動してる

ピッ ピッ

みんなとどうやったらなかよしできますか

人間関係の相談！？

よくわかりません

○○くんはなんでぱんちとかいたくするんですか

また・・・

よくわかりません

でもちゅーもしてくんで♡

え、恋愛相談！？

よくわかりません

Siri「よくわかりません（私が出しゃばっちゃダメダメ！）」

二太郎　1歳4ヶ月〜7ヶ月

授乳しながら	ヘイ、Siri③

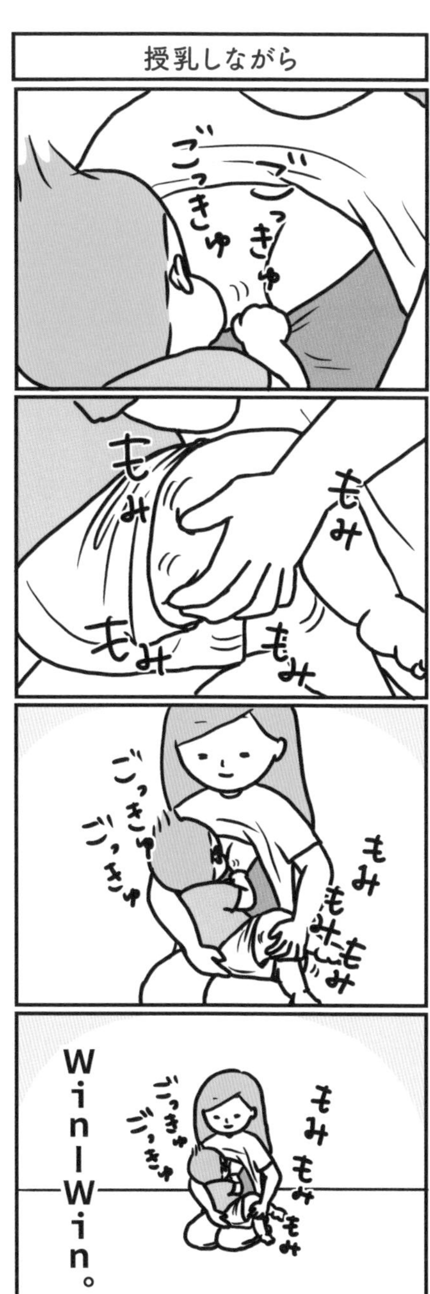

二太郎 1歳4ヶ月〜7ヶ月

やめられないとまらない。

そうかもしれんけどさぁぁぁぁぁ！ それ言ううううう！？

ゲー
おなかいたい…
あら
大丈夫？
ゲー出そう？
げーでない…
ぎゅ～
ぎゅ～
ぎゅっ
ゲー出すときはこれに出してね
げーでない…
ぎゅ～
ぎゅ～
うっ…
ゲー？
ぎゅ～
「ゲー」と「ぎゅ～」を混同してる二太郎…
アホかわやけど今は萌えられない！
げーでない…
ぎゅ～
流れるように
ⓐ洗面所
洗濯～
ぎゅっ
…
スッ
ブッ
!!
不意のハグ。

アホかわチャンスを逃しました。

時間差鼻血。

二太郎 1歳4ヶ月〜7ヶ月

母乳パッド

母乳パッド汚れてる

ふぇー

替えないと

ポン ポン

新しいの貼ったし古いの捨て…

ん?

ニコ ニコ ドドーン

リユース

子乳パッド。

目が覚めて

夜中

あれ、イチコ起きた?

ムワッ

ねむい〜…

！ キュン ピト♡

眠くてくっついてくる…

まだまだちっちゃくてかわいいもぅ

あついからどいてっ!

ぐいーん

理不尽☆

ひんやりした母がご希望のようです。

アイスを食べる前に

おやつはアイスでーす♡

食べよっか

ちょっとまって！

乾杯か？

みんなの…

ゆうきよ…

とどけ〜っ☆

何これ

Cheers☆

乾杯に見えますか？　みんなのゆうきを届けているんですよ。

お風呂前の出来事

もみ　もみ

ぐ〜〜〜〜！

サッ

二太郎は今…

オムツを脱ごうとしています

その体勢絶対脱げへん…

あ〜っ

触れてすらいない

やーもうアホかわすぎてなんかもう私幸せですわ！

左コマ：

海苔が食べたすぎて

味付け海苔は今食べないよ〜！

あーっ！！あ

えぇ——！？ ギャアアアア ブチブチブチ

…… 本人も予想外

萌え——！！ ぽんっぽんっ！ ぺちぺち

オモロかわ。

右コマ：

水遊びショット

サッ

サッ

サッ

どれを…全部かわいすぎるううう どれを現像すればええんやぁぁぁぁ あぁぁぁぁあぁ

一生悩む気がする。

縦書き（左）：二太郎 1歳4ヶ月〜7ヶ月

103

［夫婦ってこんな風に過ごしてるんや］

天然？
モチコ大変！
どしたん？
バッ
服めっちゃ縮んだ…！
お腹見えちゃう!!
ドーン
…それ私の服
なんや！おかしいと思ってたん！
ハッ
クロップド丈Tシャツ
2人はまだ知らない…
半年後
ヒートテックの襟ぐりめっちゃ伸びた！
と、夫が妻のヒートテックを持ってくるのを…
…
えらい夫婦
しまった！
おでかけついでにチチオの実家に荷物送ろうと思ってたのに荷物忘れた！
ガーン
あらら
車でおでかけ中
…
でもついでに荷物送ったら効率的って気づいた私…えらくない？
えらい！
ここでちゃんと褒める俺えらくない？
えらい！うちらえらい！
えらい！
えらい！
我が家は平和です
HA HA HA HA HA

《第3章》

2人そろって成長中！

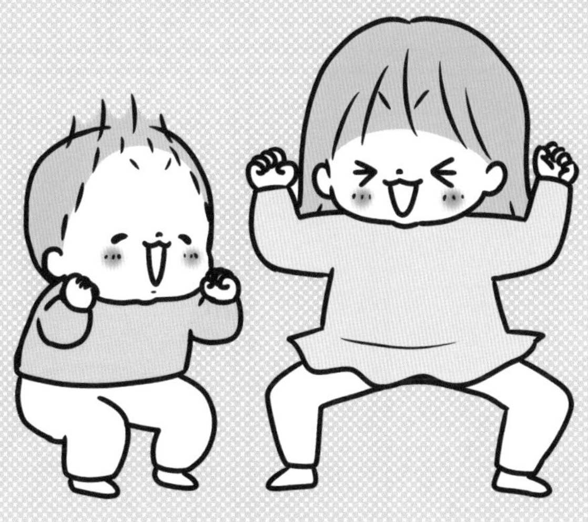

二太郎1歳半

なんとこの度…

1週間後にお母さん打ち合わせやねん！保育園行っといで！

保育園といえば…

一時保育デビュー！

「預けるのかわいそう」なんて声を聞きますが…

私はそうは思わないかな〜

保育園、家では経験できないふれあいや遊びがいっぱいやで！

大人になって保育園出身やからどうとかないし

母親だって自分時間持てていいことづくめ！

ゆっくりしたり

仕事したり

保育園！

こんなんないし

同世代の友達

しかも保育のプロがいる！

Professional

保育園バンザ〜イ！

お任せあれ！

I am 保育士

…と思っていたのですが。

一時保育2日前

うぅ…

もちろん家で育てるのもすばらしい！
「どっちが」ではなく「どっちも」良い！

そして謎の

罪悪感！

モヤ
モヤ
モヤ

二太郎
大丈夫かな…

1日
泣きっぱなしじゃ…

私への信頼が
壊れたりしないかな…

頭では
「保育園バンザイ」
って思っていても…

別に罪でも悪でも
ないとわかっていても…

どこかで
「子どもは
母親といるべき」
って刷り込まれて
いるのか…

ハァ…

とはいえ
預けることは
決まっているので…

事前に保育園の
楽しさをアピール！

お母さんはいないけど
優しい先生もお友達もいるよ！

おともだちが
できるとたのしいよ！
↑
仕込みナジ！
ナイスイチゴ！

でもちょっと
さびしいね

え!?

いらんこと
言わんといて…

おかあさんひとりでさびしいね～
私!?
そうかもね～でもその分お仕事頑張るね！
「いや私はひとりで大丈夫」とは言えない…
そして当日
ドキ
ドキ
着いた…
大荷物
今朝も「保育園楽しいよ」ってアピールしたし
目新しいおもちゃもたくさんある…
スッと消えるぞ…
…なんてうまくいくはずもなく。
ギャアアアアア
ヒイイイイイイイイ
ぐっ
預かりま～す！
ギャ
お迎え来るからね～！

パタン
ギャッ
ギャッ
ちょっと泣きそう…
ツーーーン…
保育園バンザイやのに！
別に悪いこと何もしてないのに！
ブーーン
まさか自分が泣きそうになるとは…
逃げるように帰る。
コンビニ イイキブン
ピタッ
よし！
預けた分打ち合わせしっかりやるぞ！
じーーん…
ゆっくりアイス…
幸せ…

そして
スムーーズに
打ち合わせをして…
大人だけって
すごい…
ここがポイントですね
打ち合わせ終了
まだ3時…
お迎えまで
まだ1時間半ある
仕事しよ
なんて
無理。
二太郎
今どうなってんの！
心配で
心配で
しゃーない！
ぬおーー!!!
おかあさん
ひとりで
さびしいね〜
イチコの
言う通り
やったわ…
ゆっくり
仕事しようと
思ってたのに
落ち着かない…
ブーン
二太郎
待っててね〜！
ブーーーン

着いた！
二太郎は…
泣かずに
遊んでる！
二太郎～！
ガラッ
目そらされた…
なんで…？
抱っこしても
目は合わない…
またね～
ありがとう
ございました
…
まだ目も合わへんし
しゃべらへん…
②駐車場
二太郎、
先生優しかったやろ？

うん
しゃべったーー！
良かったぁーー！
お友達いて
楽しかったやろ？
うん
2回目
しゃべったーー！
良かったぁーー！
けど目は合わない…
放心？
衝撃？
疲れ？
怒ってはなさそうやし
悲しそうでもない…
…え
嫌われてたら
どうしよう！
辛すぎる～！
おっぱい
ハッ

@車内
ハイ！おっぱいね
ごっくごっくごっく
ジャッ
あっこ
抱っこね！
ちょい浮かす
ぴょっ
おっぱい
ハイ！
あっこ！
ハイ！
…あれ
戻った〜！
目が合うし しゃべる!!
良かった〜！
…けど、何やったんやろう
その後は大好きなばぁばの公園遊びをお断りしてべったり過ごしました
そしていつも通りに就寝 夜泣きもなし！
カワイイ♡
z
無事に終わった二太郎の一時保育デビューでした！
お疲れ様♡

1歳6ヶ月の奇跡

今日で二太郎
1歳6ヶ月かぁ……

ねんね

寝てる

大きくなったなぁ……

……たまらんっ♡

イチコもお姉さんに
なったよなぁ……

大好きっ♡
2人とも大好きっ♡

突如こみ上げるLOVE

イチコもだいすき♡

お母さんも
大好き♡

大好き〜♡

だいすき〜♡

あっきぃ〜
大好き〜♡

ぎゅう

…って二太郎
大好きって言った！

あっきぃ〜
ぎゅう

ハッピーな
1歳6ヶ月の夜でした

もう大好きぃぃぃー!!!

おともだち

丁寧に
皮むいてるね

やさしく
かわむいたら

ぶどうさん
「きもちぃい〜」
っていうで！

そんで
なかよくなれるねん

メルヘン…♡

ぶどうさんと
おともだち

容赦なく
友達食べた

パク

お友達「ギィヤァァァァ」

114

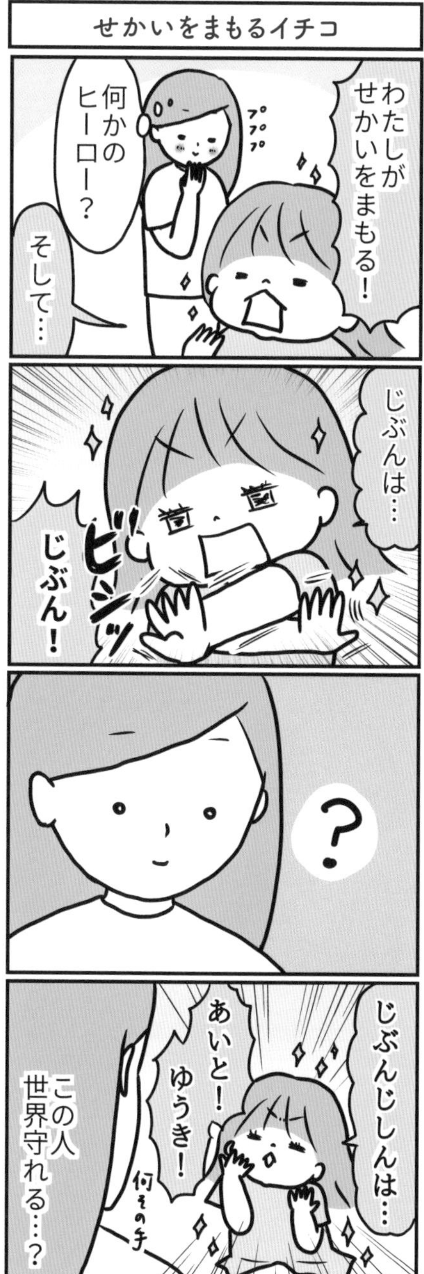

ちん○んつん○ん。

自分にうっとりする、よくわからないヒーロー。

オムツのゴミ箱

オムツの
ゴミ箱
↓
カチッ
パカッ

あーぃー!?
く
ぷぃー

…え?
パタン
カチッ

謎の臭いアピール
あー
ぃー!?
く
パカッ
パタ
プーン

そない大げさにアピールせんでも知ってる
で。

回ってる

イチコ何してるん?
ぐるる

こうやってまわってる
みんな…
ぐる

そんで…
なんだこの世界観…
それっぽい…
ごくり…

よるははやい!
深まる謎!
ギュオオオ
オオオオ

みんなー! 今日も回ってるぅー?

116

どっちの手に入ってるか
どっちの手に入ってるか♪
ニっち!
…が好きなイチコと二太郎
ある日
おかあさん!
どっちのてにはいってるか♪
真剣
一択
中座した姉
ご飯中
といれおわった～!
サッ
つづき!
おかえり～二太郎お豆おしまい!
二太郎、そっちは姉ちゃんの!
あぶないっ
にた…
ぐいぐい
イチコの椅子の隙間
なでなで
おかえりのハグ
ぎゅう～♡

アホかわ♡

はぁぁぁぁぁ～～♡♡♡

お母さんって呼んで

「おかーさん」よ

「ばぁばぁ♡」

二太郎「かあしゃん」は？

ほら「かあしゃん」

・・・

「かあしゃん」どこ？

違う違う！そこお鼻！「かあしゃん」は？

おおおおおい！

プッス

諦めた。

おおおおおい！

ホジ　ホジ

「かーしゃん」、まだまだ遠い。

二太郎なでなで

二太郎寝たかな？

ZZZ

あ〜かわいい♡

改めてこうやって撫でるとびっくりやなぁ…

なでなで

産まれたときは腕にすっぽり収まってたのに

こんなに大きくなってたんや…

そしてこんなに…

ご飯粒くっ付けてたんか…

取り切れていない全身のご飯粒。

ガリ…

ご飯後には一通り取ってるはずなのに。

118

父と息子のやりとり

ど～じょ～
はーい
食べ終わったお皿
じっ…
…
ピョン
ピョン
ありがと
なで
なで
コクッ
ニッコォ～
…ってことがあってん！
ヤバない!?
もう何なんかわいすぎやろ！
ヤられた！
落ち着いて

男同士でイチャついたそうです。

二太郎 1歳4ヶ月～7ヶ月

[天使の4歳のお話]

4歳も半ばのイチコ
最近実感するのが…
イチコもう
ご飯だから
こっち来て〜！
「天使の4歳」
というワード
は〜い！
サッ
楽…！
説明すれば
大人の事情も
わかってくれるし
状況を見て
我慢できる場面も
グッと増えたし…
天使の4歳
私もイライラせずに済む！
ありがたや…！
食べよか〜
…
?
ブチ切れェェェ
さつまいもごはんが
たべたかったぁぁぁ！
えぇぇぇぇー！

イチコたべたいって
いってたのに！
せやから
昨日したやん
さつまいもごはん！
今日のお弁当にも
いれたし
いっぱい食べたやろ？
さつまいも
ごはん！
お父さんは
白ご飯が好きやし
また明日…
いまたべたい！
ギャー
ギャー
何この
さつまいもご飯娘…
イラッ
ギャー
でももう今から
作られへんし
ほら食べよ
座って！
・・・
・・・
ガタン
こんにゃく
ちょっときらい！
そーかいな
本当は好物
おにく
かたい！
そら
すいませんね
これいらない
もう
たべたくない
イッラァァァァァァァア

・・・
しおこんぶ
ごはんにする
ハイハイ
イラ
イラ
イラ
ガタン
イラ
イラ
イラ
イラ
どーーーぞ！
パッ
ちょい
ちょい
ペカーーーン
！
にこ
にこ
パク
パク
イラ
イラ
イラ
イラ
イラ
ごちそうさま
イラ
イラ
イラ
イラ
イラ
もぐ
もぐ
あ～
イライラが収まらない…
昨日の夜も弁当でも
さつまいもご飯
食べたのに
あんなグズる？
ほかのおかずまで
いちゃもん付けて…
グズった分
時間かかって
寝る時間が
遅くなるし…
ごちそうさま！
イチコ
はやく
たべおわった？
イッラアアアアアアアア

さつまいもご飯
食べたいって喚いてた分
今日は早くないよ！
早いわけがない!!
イラ
イラ
！
はやいっていって
ほしかったぁ〜！
ギャー
なんだこの
負のループ…
げっそり…
数分後
やっと
イラ
イラが
収まってきた…
ハア…
スッ
ぐす
ぐす
…ん？
スッ
おかあさんが
いっぱい
おこることして
ごめんなさ〜い！
わあぁぁぁぁあああぁ
…え

「さつまいもごはんたべたいってなんどもいってごめん」でも

「そのあともグズグズいってごめん」でも

「はやくたべおわったっていえっていってごめん」でもなく…

「おかあさんがおこることしてごめん」

イチコは私が怒ってるから謝っただけで、なんで怒ったのかはわかってない…！

私…なんで私が怒ってるのか、イチコに伝わらない怒り方してたのか…

そもそもイチコは大泣きするほど悪いことをしたわけじゃないのに、泣かせて悲しませちゃってる

どういうことをしたら周りが不快に思うか知ってほしいし、それをしてしまったら反省してもらいたい…

それを学んで人付き合いを楽しめるようになってほしい

イチコに幸せになってもらいたいから叱るのに…

イチコ

お母さんも
怒りすぎちゃって
ごめんね
もうご飯作ったのに
何回も
「さつまいもご飯」
って言われて嫌やってん
お母さんも
イライラしないように
気をつける
怒らずに説明するように
がんばるね
天使の4歳、
聞き分けが良くなった分、
イライラも感じとるように
なったんやなぁ…
仲直りのギュー
ごめんね
ごめんね
こちらの対応も
ますます
気をつけないと
お互い信頼できる
対等な関係で
いられますように…
でもイライラを
感じとるほど
感受性が強くなった
ってことは…
翌日
さつまいも
ごはん！
じゃん！
ありがとう♡
愛情もたくさん
感じてくれるはず！

しまったしまった島倉千代子

吉本新喜劇の島木譲二さんのギャグ

わぁ！しまったしまった島倉千代子！

これを多用していたら…

ポロッ

あれ、携帯どこ置いたっけ？

な、ない…

も〜おかあさんわすれすぎ！

島倉千代子＝うっかりの同義語!?

しまくらちよこすぎる〜！

「うっかり」の単位!?

12しまくらちよこやで！

島倉千代子さん並びに関係者の方々にお詫び申し上げます。

1歳児の口

集中してるとき

私の服のソデ

興奮したとき

×△◇※ちゅーたー!!

なんで口とんがるんやろね

ね

あははは

×△◇□〜!!

かわいい…

親バカ×2。

うんどうぶそく
何それ!
おとうさんのうんどうぶそく!
…を解消する筋トレグッズね
おーい!寝る時間だよ〜
ポッ〜ン
筋トレ楽しんでるな〜
わ〜!
キャッキャッ
おかあさん!
サッ
うんどうぶそくしたらむきむきになっちゃった〜!
すご〜い!
みて!
バッ
ポヨ〜ン
かわいいお腹
自分で履きたい!
手を出すと怒られるので光の速さで手伝う
サッ
手を出すと怒られるので転んだときのフォロー
でった!
おー!!
じゃん!
尻出てるけどね…
いえーい!
アホかわ…
ヒョコヒョコ
ででで

かぶりついてやろうか♡

アホかわ尻かわ♡

正解は「お母さん」①
ばぁば!
ばぁばで～す♡
ねぇね!
ねぇねで～す♡
二太郎 コレは?
コレだぁれ?
いやだ
正解は「お母さん」②
あめ!
それは「傘」
か～しゃ!
…そうだ!
「傘」
か～しゃ!
「傘」
上手～!
か～しゃ!
「傘」
か～しゃ!
来い!「か～しゃん」♡
「お母さん」
ドキドキ
いやだ

はっきりと、目を見て「い や だ」。

そんな手には引っかかりませんよ。

似合うかな？

ねえね これ着る？

私には若い…（私の妹）

後で試着するわ

←パーティードレス

どう？似合うかな〜？

ピタッ

タラシ

ドキン♥

ぎゅっ…

「似合うよ…」（ギュッ）てこと…!?

動物のまねっこ

ねこさん！

にゃおにゃお〜♪

ぞうさん！ぱお〜ん♪

うさぎさん！ぴょんぴょん♪

らいおんさん！がお〜！

サッ

こあら！

コアラ…!? どうするんやろ

…

ぱらぽにょわわ〜！

テンションで乗り切った

力技！！！

ついにきた

寝る前

二太郎
「おかあさん」
は？

お母さんって
言った！

※経験上素直に信じられない

あれだけ
いやだいやだ言うてて
まさかこんなあっさり
言うわけがないやん
なんでもないときに
言うって今まで散々
おかあさんって呼ばせようと
して何度もいやだいやだ
って言われてて

…いやこれ
何か別の、
言葉ちゃう？

二太郎…
「おかあさん」
は？

「お父さん」
は？

と〜しゃん

やったぁぁぁぁ！

言ったぁぁぁぁ！

え！

…とか言いつつ
言わないんやろな〜

か〜しゃん

布団

か〜しゃん
もっかい！「お母さん」は？
か〜しゃん
「お父さん」は？
と〜しゃん
これ誰？
か〜しゃん
これは？
と〜しゃん
エンドレス…
こうして私「か〜しゃん」デビューしました♡
ただし
これ誰？
エヘッ♡
「か〜しゃん」
はできても…
二太郎発信で呼ばれるときはいまだに
ばぁば！
は〜い
です。
まあそのうち…

ついに「か〜しゃん」デビュー！　うひょぉ〜〜〜！（落ち着け）

二太郎　1歳4ヶ月〜7ヶ月

一握の砂

二太郎 1歳8ヶ月〜11ヶ月

これぞアホかわの極み。

ただいま〜!!
ぎゅっ
ぎゅっ
②幼稚園
二太郎、姉ちゃんとこ行くよ〜!!
ぎゅっ
砂ぎゅっ
そ〜っ…
わくわく
自転車乗るよ〜
ぎゅっ
ぎゅっ
だい(な)い

寝起きの破壊力	口うるさい母

かーしゃん改めばぁば改め鬼です。

そして4コマから2日後の今、呼ばれるときは「ばぁば」です。

お風呂でこっそり…

ブクブク

ス…ッ

CHU!!

混ざりたい…！

尻にチューする遊び。

きゃはははは

4歳児をも魅了する1歳児の尻。

アンパンマンのぬいぐるみと

あ〜ぱん！

チチオにアンパンマンのぬいぐるみを買ってもらった二太郎

小脇に抱えて走る姿…

かわいすぎる！

キュン

数分後

あれ？ぬいぐるみがない？

…って

ガ！

ブ！！

アンパンマァァァン！

鼻をくわえて持ち運ぶ。合理的。

キキになりました

ハロウィンのときの仮装 ←

…

イチコ？

ハッ

もしかして…

おかあさん…

大真面目

メルヘェェェン！

どうやったらとべるとおもう？

そんで…

キュン

集中してみる

私もやってたぁぁ！

飛べると思い込む血。

コドモチコ ドドン

…

同じ血が流れてる人、挙手！

おっぱいおねだり

おっぱいた〜いっ！おっぱいた〜いっ！

（飲みたい）

え〜？さっきも飲んだやん

おっぱいた〜いよぉ〜！

ギャー

なんでそんなおっぱい好きなん？

おっぱい…

とぅ〜いっ！

（好き）

もう！1歳のうちはいいけどやなっ！

今は1歳やからいいけどやなっ！

チョロい母。

ジャブジャブ

「とぅーいっ（好ーきっ）！」の破壊力…!!!

二太郎 1歳8ヶ月〜11ヶ月

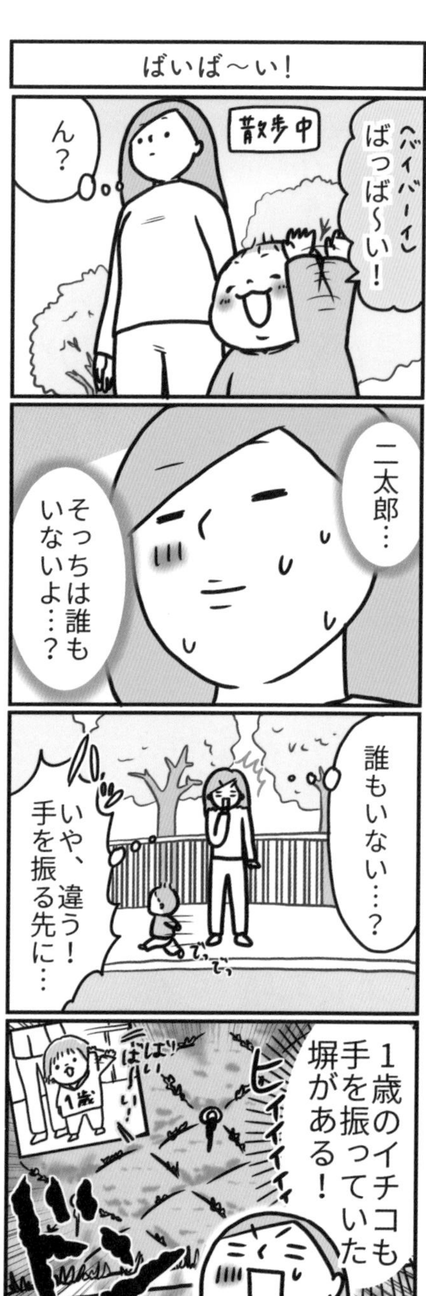

笑ってはいけない、喋ったら負けゲーム。

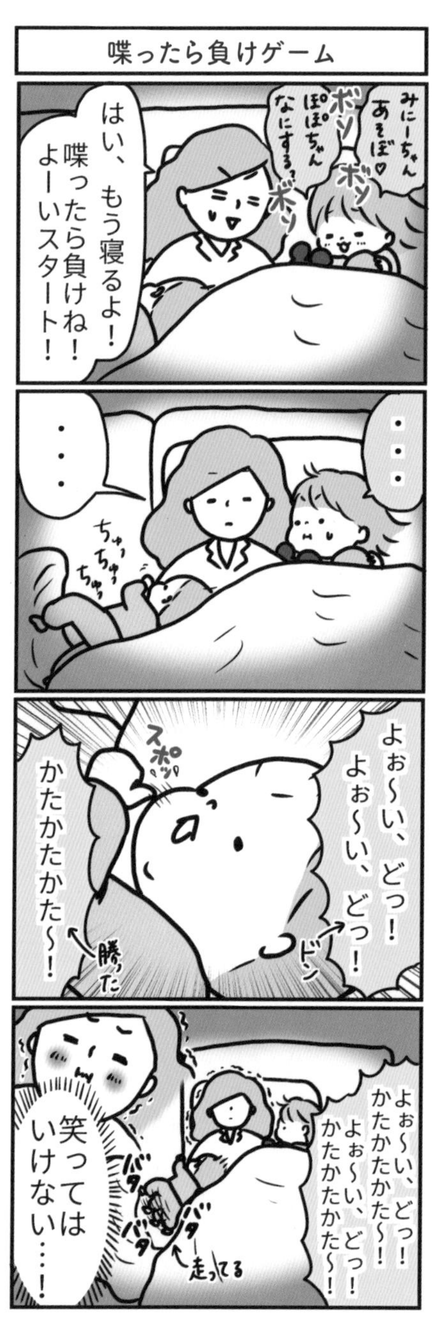

1巻83ページ参照。

二太郎 1歳8ヶ月〜11ヶ月

カタコト二太郎語録

二太郎 1歳8ヶ月〜11ヶ月

にたろうはリカちゃんだめ!!

「リカちゃん
かわいい」

赤ちゃん
か〜い〜

じ…

生きた!

「できた」

型はめパズル

相葉って何?

相葉?

あいば!
あいば!

あ〜い〜ば!

は?
相葉?

…相葉?

あいば!
あいば!

相葉

「パプリカ」

パプリカ

わかるか

あいば!

翌日

あいば!

「相葉」キタ!

テレビ

サッ

あい〜ば、花が咲い〜た〜ら〜♪

137

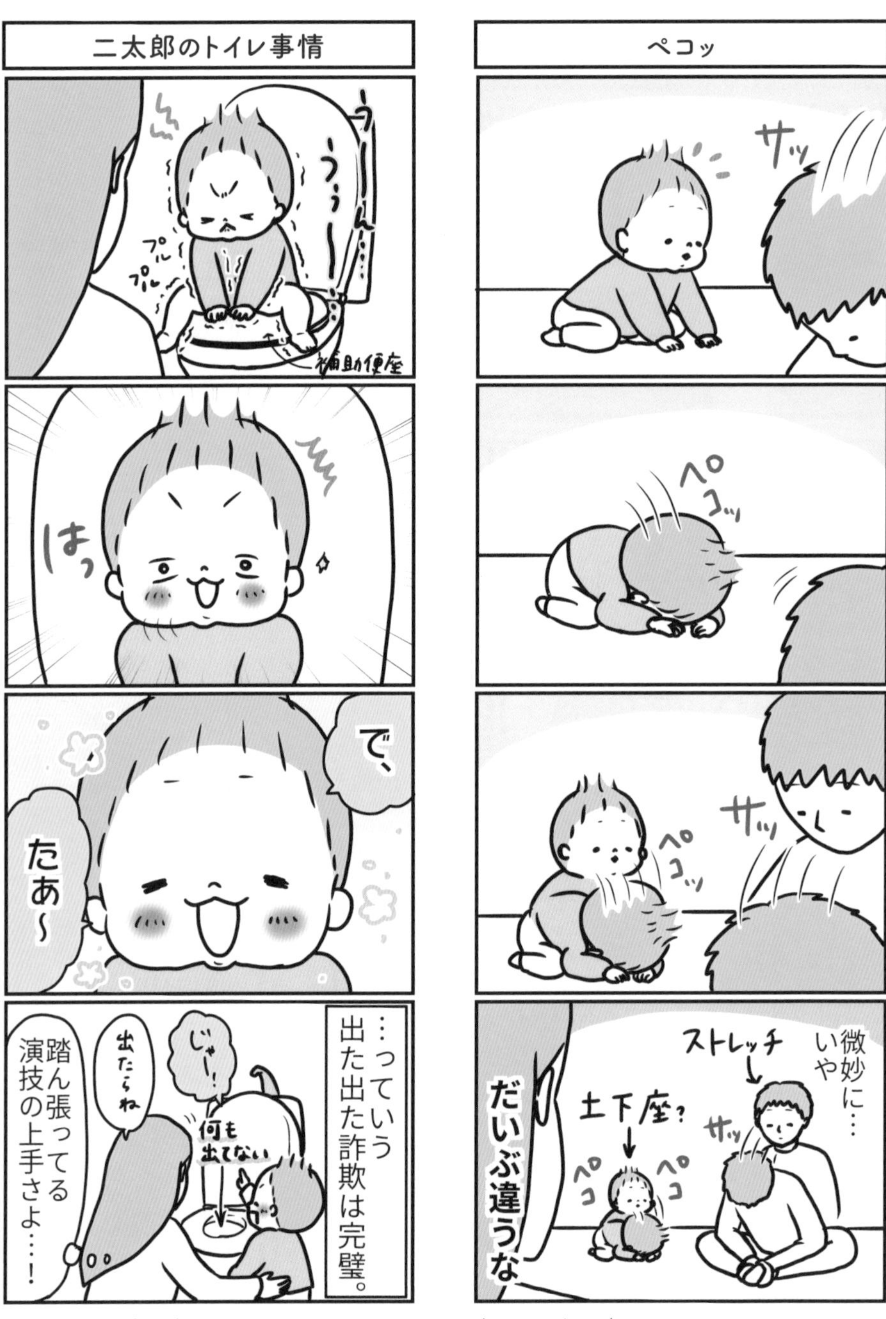

二太郎のトイレ事情	ペコッ

もちろん何も出てません。　まさかの土下座。

面白いというか

ぴょん
ボスッ

俺 オモロいやろ〜

おおし？

うん
おもしろいね〜

かわいい

わぁっ！

ぴょん
ボスッ
ドスッ

新しいパターンやで！

たくましい

おおし？

ド ヤ!!

鬼のいぬ間に？

日曜の午後
二太郎寝た…

Zzz
スヤ
うむ

チチオとイチコ
静かやな〜

ん？

キャッ
キャッ
ススス

ド
キャッ
キャッ
みかん

超ド級の
バカップル…！

あ〜ん
あ〜ん

尻の痛み？　それより俺、オモロいやろ!?

バカップルも衝撃のイチャつき方。

子どもは風の子？

「風の子」なんて言うたら鼻で笑われそう。

ダサい着こなしの旦那

結婚て罰ゲームやったっけ…

二太郎 1歳8ヶ月〜11ヶ月

だってよ！　良かったね、チチオ！

答えは…自己虫（ジコチュー）！　※蚊です。

二太郎 1歳8ヶ月〜11ヶ月

先に来た人は…

ぎゅーして
あげまーす!!

ハーイ

さきにきたひとが
1ばんで〜す!

わ〜二太郎が
先に行っちゃう〜

二太郎を
1番にするか

ん?

しーん…

…!

はあああぁ〜!

ふたりとも
1ば〜ん!

天使か!!!

お昼寝の寝かしつけ

ソファで授乳による
お昼寝の寝かしつけ

ちゅっ
ちゅっ
ちゅっ

お、寝そう…

後はここから
抜け出るだけ…

おっぱい吸ってて
腕枕してて…
そこはキープやな

抜け出せそうな
ところからそっと…

ちゅっ
ちゅっ

何これ

次は腕枕
抜いて…

ちゅっ ちゅっ
ちゅっ

2分後

何これ

ちゅっ ちゅっ
ちゅっ

もはやアクロバット授乳。

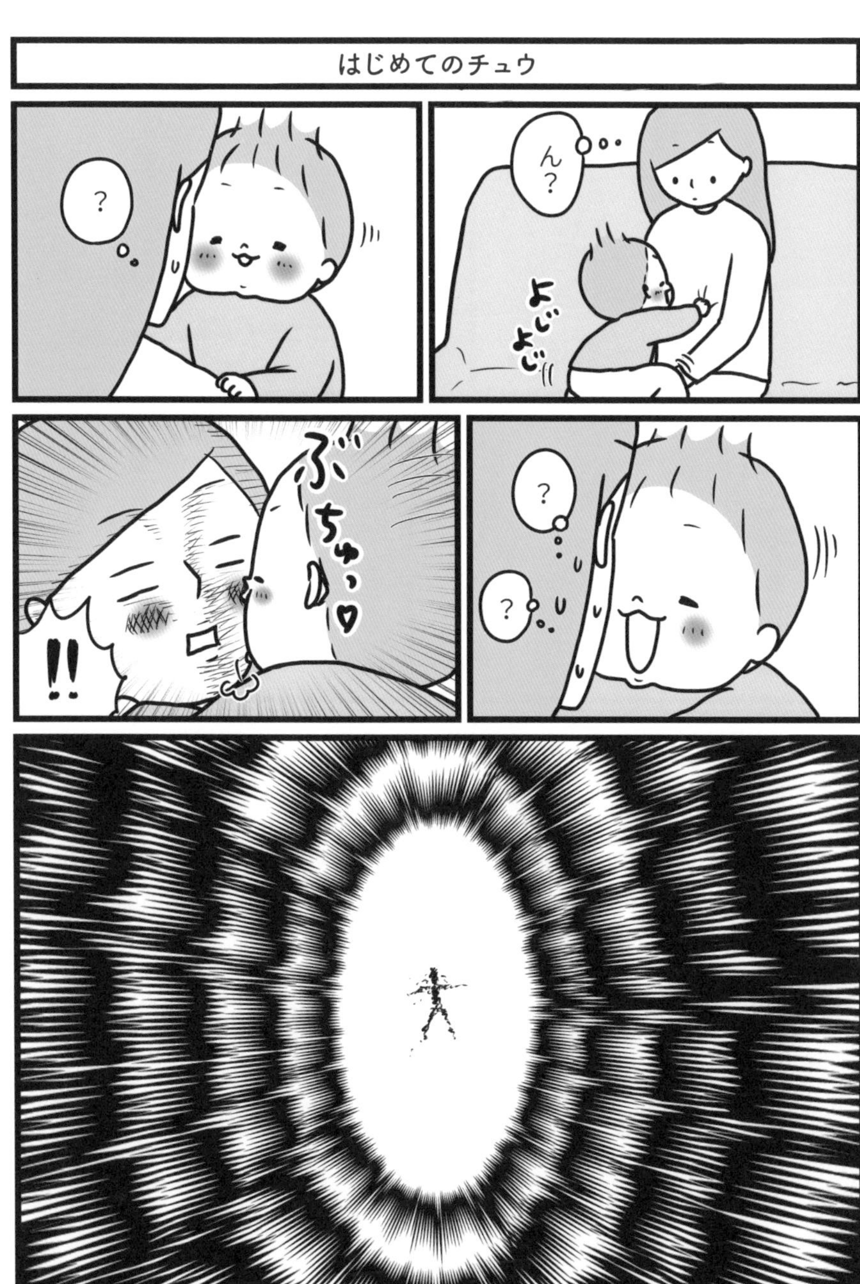

二太郎 1歳8ヶ月〜11ヶ月

パァァァーン…!!!

ボールはお友達

ぽいん
てっ てっ
てっ てっ てっ
ぽいん
コロコロ
てっ てっ てっ
てっ てっ
ぽいん
コロコロ
神様…聞こえますか？
タイムリープを起こすなら今！今ですよ…

永遠に続け、このアホかわ…！

アホかわ…♡

いやもうほんと激チョロ。チョロっチョロ。

二太郎 1歳8ヶ月〜11ヶ月

イチコ神、再び

世界で1番
大好きだよ～♡
だれよりも？
うん
ぎゅっ
イチコと二太郎が
世界一大好き！
…あ、お父さんも！
いわすれてた!!
おかあさん
まだわすれてる！
え？
じぶんもでしょ！
そうやね…
自分も同じくらい
好きでいないとやね…
パアアアアアア

イチコ神様、深いっす…！

靴を脱いだら

ただいま～！
外さむ～!!
イチコ
ポイッ
ああ…
二太郎
スゴイ…
え！
揃える？
積んだ
きちん…

まさかの縦方向。

二太郎　1歳8ヶ月～11ヶ月

ズンって落ちる感じ

朝イチで戦闘力アップ。

犬のおもちゃLOVE♡

どういう気持ちで犬に授乳しよう…

パンダのパジャマ

ぱあだ！

お風呂上がり

パンダのパジャマ着せたげよ

自分で着るの？

うん！

ん！

ブン

でった！

上手ー!!

前後逆やけど…

あえ？

BACK

ぱあだ、なあい…

あえ…え？

アホかわ

たまらん…たまらん…ハァハァ…。

ジャンパーと神社

二太郎行くよ〜！ジャンパー着て！

ばあちゃん！ばあちゃん！

キャハーッ！

ジャンパーね

アホかわ

←「電話しろ」の意

ここなに？

神社やって

神社ね

アホかわ

じいちゃん！じいちゃん！

キャハーッ！

お義父さんお義母さん、孫は順調にアホかわに育ってますよ。

二太郎 1歳8ヶ月〜11ヶ月

シャカシャカパーン

シュール…！！！

ぬいぐるみとチュー
か〜ちゃん
ちゅ♡
ドカーン
何これ何これ
ヤバい！
…でもさらに
高みを目指して！
ハッ
はあぁあぁあああ
CHU
二太郎も！
二太郎チューして！
ちゅ♡
違う！
そうじゃない！
でもそれもあり！
何にせよ
かわええええ！
ボカーン

胸キュン？　いいえ、胸ボカンです。

おじいさんなお母さん
朝
これあけたら
おじいさんに
なっちゃうで！
え〜？
嘘〜？
ポーチ
おじいさんじゃよぉ…
あはははははは
わ〜！
おじいさ〜ん！
どーーん
よるまで
おじいさんでいて！
あはは
長い！
ずっと
おじいさん
じゃよぉ…
あ、でも…
ようちえんでは
やめて。
へんだから。
やらせといて
スン

そこ冷静。

二太郎 1歳8ヶ月〜11ヶ月

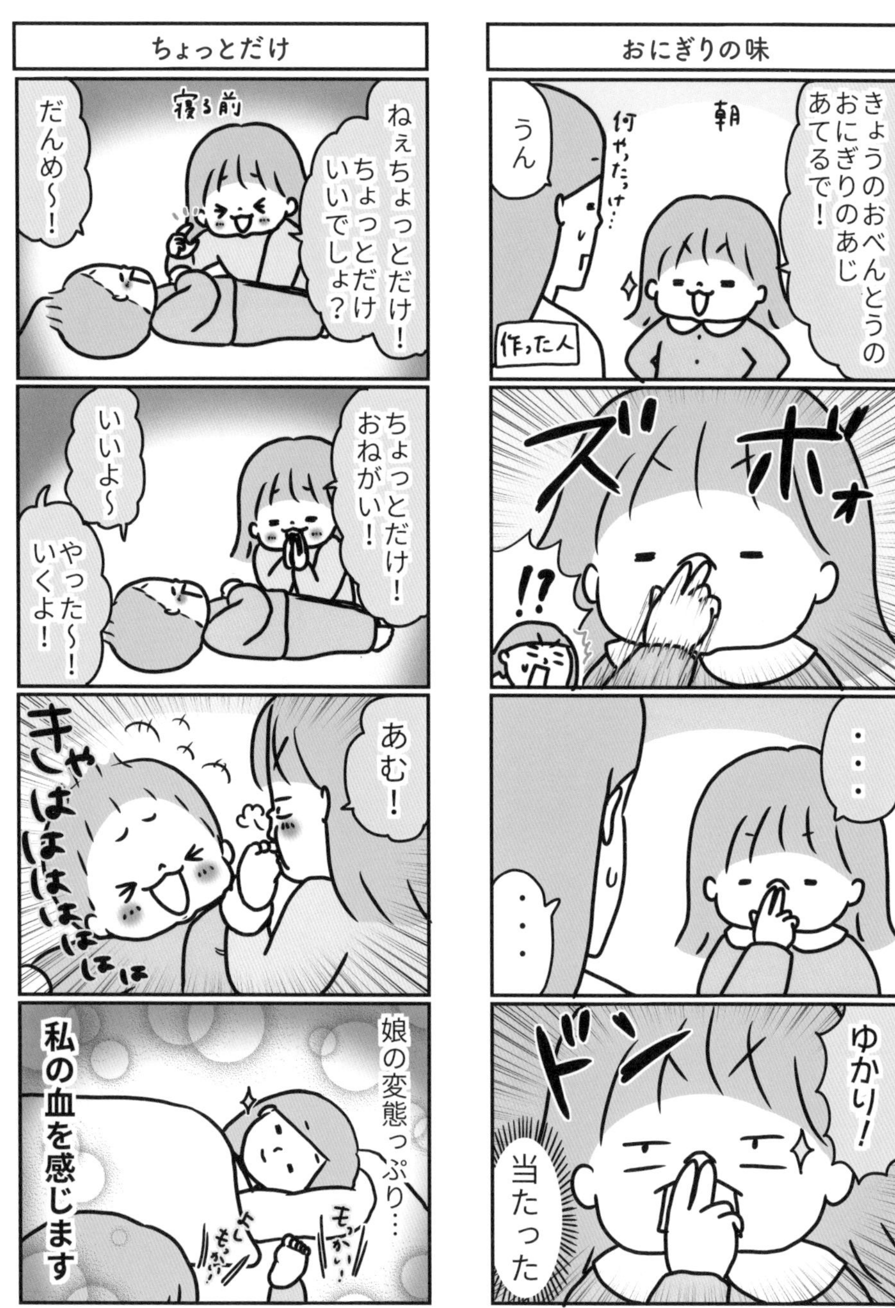
おにぎりの味
朝
きょうのおべんとうのおにぎりのあじあてるで！
何やったっけ…
うん
作った人
ズボォ
!?
…
…
ドン
ゆかり！
当たった
ちょっとだけ
寝る前
ねぇちょっとだけ！ちょっとだけいいでしょ？
だんめ～！
ちょっとだけおねがい！
いいよ～
やった～！いくよ！
あむ！
きゃはははははははは
娘の変態っぷり…
私の血を感じます
もっかい！

指in鼻穴にどんなパワーが…！？

どうも、変態を生み出した変態です。

にたろ〜でしゅ♡

名前を言えるようになった二太郎

お腹ぽんぽんのこの子は誰〜？

にたろ
で〜しゅ♡

かわいい…！

ちょっと〜！
ここ描いたん誰〜？

にたろ
で〜しゅ♡

正直

かわいいから許したろ♡

ドリンクはいかがですか

じゅちゅ！

何のジュースですか？

いちごジュースですね？
いただきま〜す！

・・・・？

これは何ですか？

こっちもありま〜す！

海を感じるコーヒーです…

ロマンティック！

二太郎 1歳8ヶ月〜11ヶ月

店員さん…自由だ〜！(拳を突き上げながら)

ばいん、

・・・・？

ばいん♪
ばいん♪
ばいん♪
いつもはこう思いですれ違いで違うのに！
なんで進まない、、？

この後しばらくがんばってました

二太郎　1歳8ヶ月〜11ヶ月

傘、傘ぁー！！！

[断乳のお話]

ド
ン

断乳する！

二太郎が2歳を迎える
1ヶ月ほど前…
私はある決意を
固めていた…

二太郎の
2歳を機に…

断固たる決意…

そして
断乳で怖いのが
乳腺炎…
予防するために…

もうご飯食べて！
栄養偏るわ！

ご飯食べずに
おっぱいおっぱいおっぱいおっぱい

が1日10回以上…

口さみしいと
おっぱい！

大人になって
おっぱい飲む人いないし
好きなだけ飲んだら
ええやんて思ってたけど…

検索

4回は
なってる

後は二太郎の
心の準備だけ！

カッ

油物
甘いもの
カット！

量少なく！

おっぱい冷やす
冷却シートゲット！

食事制限する
決意も固めた！

こちらの
準備は万端！

母乳分泌抑制
ハーブティーゲット！

母乳
抑制
TEA

ひえーっ

断乳開始2週間前
二太郎
2歳になったら
おっぱいおしまいやで
「お誕生日おめでとう」の
パーティーしたら
その次の日にやめようね
だんまり
わかってないのか
わかってて
返事しないのか…
ところが数日後
2歳になったら
おっぱいやめようね
うん
!
「うん」言うたな
ということで…
ククク…
2歳の誕生日パーティーー!
…の翌朝

断乳開始！
乳腺炎予防に
ご飯はかなり
控えてる！
ハーブティーも
飲んだ！
よし…
ボエオ～
ボエォ～
断乳
心象風景
最後の授乳！
ハブッ
昨日「お誕生日おめでとう」
したやろ？
せやから
このおっぱいで最後やで
最後のおっぱい…
しんみり
するんやろなぁ…
プゥ♪
テレビ
プゥ♪
プゥ♪
屁えこいとる！
テレビも観てるし
最後の授乳がコレ…
おしまい？
おっぱいないないない！
おしまいいね！

今まで飲んでくれてありがとね！

いっぱい飲んでくれてお母さん幸せやったよ

ちょっと泣きそうやけど…

感傷に浸ってる暇はない！

今絶対病院行けねぇ…

そして2時間後にちょっとおっぱいを欲しがるも、「おっぱいおしまいやで」と言うとあっさり引き下がった二太郎

意外とあっさり断乳できちゃうかも♡

おっぱい！

ガジッ
ギャーーー
おっぱいいいいいいい
ですよねぇぇぇぇぇぇ
でも二太郎お兄ちゃんやろ？
おっぱいバイバイしたやんな？
…っ
ヒィィィィ
私の服食べてしのいでる！
ガブン
そして落ち着く謎…
ガブ
ガブ
スーン…
そしてお風呂はチチオと入り、寝る時間になり寝室へ
さ、寝よか
…っ
ギャアァァァァァ
今日1番の泣き出たぁぁぁぁぁ
なぜか…

壁に張り付いて
ギャアアアア
ギャアアアアア
ドン
笑ったらあかん…
笑ったらあかんけど…
なぜ壁際
ギャー
非情な母
おっぱいバイバイ寂しいね〜
がんばってるね〜
二太郎大好きだよ〜
大丈夫かな…
ギャ
20分後
ちょっと落ち着いた…
にたろ〜
お腹さわってる
おっぱいバイバイしてさびしいね〜
どんなにたろうもだいすきだよ
イチコ…！
さびしいけど…
にたろうだいすきよ〜
だいじょうぶだよ
おかあさんもねえちゃんもいるからね
早よ寝て
おっぱいバイバイしてさびしいね〜
でもだいじょ…
断乳1日目終了

そして翌朝
おっぱい痛い…
ズキ
ズキ
ズキ
子どもが寝てる間にちょっとだけ搾って…
@洗面所
ピュ
冷えピタ
病院行けねぇ…
おかあしゃーん
寝室
二太郎起きてきた
おっぱい…
おっぱいバイバイやで～
ギャアァアアァアァアアァーアァーアァーアアア
今までで最大級の泣き！
飲みたいね～がんばってるね～
ギャアアアアアア
ギャアアアアア
ハッ
せや！

好物のココアをイン！
ズ
ッ
…。
ちぅ〜〜
ほっ
そしてお昼頃
ご飯の片付け中↓
痛い…おっぱいが痛い…
うぅ…
圧抜きに搾乳したい…でも洗面所行ったら間違いなく二太郎ついてくる…どうすれば…
ピッ
空気清浄機→
ハッ
今や！
うぉぉぉぉぉ
キッチンシンクで搾乳！
ピュ
ピュ
距離2〜3m！
バレずに終了
ほっ
おかあしゃんしゅわって？
え？

スッ
スッ
思いっきり授乳体勢！
ペロン
おにいちゃん…
お腹サワサワ
（2歳）にしやい！
サッ
お腹仕舞った！
もしやこれが…
二太郎卒乳の瞬間！
乗り越えたね二太郎…！
…の4時間後
そんなうまくいかないか…
おっぱいぃ…
ギャー
ココアでなだめました。

そしてお風呂の時間に
ついに二太郎がパイ顔とご対面！
どんな反応するんやろ…
フフフ…
…二太郎！おっぱいさんがバイバイって言うてる！
さあどうする！
無。
まさかの無表情
おっぱいさんもうバイバイなん？
せやで～二太郎がお兄ちゃんになってきたからバイバイするねん！
そっか～
イチコは大ウケ
おっぱいさんありがと！
にたろうのおせわしてくれて！
あいと！（ありがとう）
じ～ん…
この後二太郎はおっぱいを欲しがらず2日目終了
すんなりこのまま終わるかも…
ピュ
こっそり搾乳
そして3日目の朝
ギャー！！
おっぱい……
朝の1パイほしいか…！

何とかなだめて切り抜け、日中はおっぱいを欲しがらず…
はいココア
うぅ…
夕方
子ども番組
バナナ
（バナナいる）ばんないゆ！
バナナうちにないよ
！
怒りメーター
…っ
ギャアアア
ギャアアアア
ドーン
バン
二太郎史上最大級の暴れっぷり！
2日目の朝を越えた!!
ヒィイイイ
バナナほしいのもあるんやろけど眠いんやろな…おっぱいないないから昼寝してないし…
とりつくしまなし
ギャー
お風呂入ろか
ということで
ギャー
ギャー
二太郎はお風呂なし！
はいご飯！
はい寝るよ！
ふぅ…
おかあしゃん…
ん？

おっぱい！
！
まだ欲しがるん！
（まちがえちゃった）
まっちゃっちゃった～
（お腹）
ぽんぽん♡
かわいすぎか
そして4日目
夕方に一度軽くおっぱい欲しがるものの、「もういらないでしょ？」と言うとすぐ諦め…
ホッ
スッ
無言で去る。
5日目以降はおっぱい欲しがらず
にしゃい！
おっぱいおしまい！
（おめでとう）
めでと～！
ぱちぱち！
パチ
パチ
との発言まで！
そんなこんなで断乳終了！
ほんまにおっぱい終わったんや…
お兄ちゃんになっていってる…
しんみり…
こうやって二太郎もイチコも少しずつ親離れしていくんやろな
少し寂しいけど嬉しい気持ちでいっぱい！
これからもすくすく大きくな～れ！

おわりに

二太郎を出産する前、母(ばぁば)に「2人育児、大丈夫かなぁ……」と不安な気持ちを相談したことがあります。

母の返事は「大丈夫! 思ったより大変じゃないよ! 2人目は1人目の経験があるから慣れてる部分もあるし、2人で遊んでくれるから意外と手が空く!」とのこと。

そして続けて「喜びは2倍以上だよ!」と教えてくれました。

そのときは「そうなんか!」と納得する気持ちと、「私を安心させるために盛ってるんかな」と疑う気持ちが半々(ごめんお母さん)。

実際二太郎を産んで、このときの母の言葉「思ったより大変じゃないし、喜びは2倍以上」を実感しています。

とはいえ、やはり育てる人数が増えると、悩みも大変さも増えます。

でも「はじめに」で書かせていただいた通り、普段のSNSで公開している漫画では、あえて子育てのポジティブな部分ばかりを描いています。

それは、私のSNSを見た方に、楽しい気持ちになったり、笑ったり、ほっこりしたりしてもら

いたいから。

あと単純に、自分が見返したときにハッピーやから（笑）。

いやほんとうちの子かわいいわ（親バカ）。

そんな親バカ目線の漫画をSNSで読んでくださっている皆様のお陰で、

「育児ってこんなに笑えるんや！」の2巻も出すことができました。

本当にありがとうございます！　「いいね」やコメント、メッセージなど、

いつも励みになっています。感謝でいっぱいです！

そしてこの本の刊行に当たり、ご尽力くださったぴあ様、ありがとうございます。

そしてそして……いつも支えてくれるチチオ、本当にありがとう！

これからも「育児ってこんなに笑えるんや！」な毎日を漫画に描いて、未来の自分もハッピー

に、そしてもちろん読んでくださっている方もハッピーにできたらいいなと思います。

モチコ

モチコ

関西人漫画家・イラストレーター。娘イチコ（2014.3生まれ）と息子・二太郎（2017.2生まれ）に毎日ツッコミを入れつつ暮らしている。4コマやイラストで育児記録をつけ、SNSで公開中。アイスクリーム中毒。ブログ「かぞくばか〜子育て4コマ絵日記〜」
Instagramアカウント@mochicodiary　Twitterアカウント@mochicodiary

装丁・本文デザイン：セキネシンイチ制作室　　DTP：エース企画

育児ってこんなに笑えるんや！
二太郎誕生編

2020年3月15日初版発行

著　者：モチコ
発 行 人：木本敬巳
編　集：丸野容子
企　画：横井秀忠
発行・発売：ぴあ株式会社
〒150-0011
東京都渋谷区東1-2-20 渋谷ファーストタワー
編集　03-5774-5262
販売　03-5774-5248
印刷・製本：株式会社シナノパブリッシング プレス